光文社知恵の森文庫

土屋秀宇

日本語「ぢ」と「じ」の謎

国語の先生も知らなかった

光文社

まえがき

一つ一つが意味を持つ漢字と、仮名を交え表現する日本語は、世界に類を見ることができない、優れた言語と言えます。しかも漢字には音読みと訓読みがあり、その奥深さで表現の世界を無限に広げることができます。しかし一方で、日本語は多くの矛盾を抱えています。

「地球」や「大地」、「地方」の「地」の平仮名表記は「ち」と書くのに、「地面」は「じめん」と書きます。また「稲妻」には、なぜか「いなずま」と「いなづま」が存在します。本来、表記は一つしかないはずなのに、二種類の表記があるのです。

昭和六一年に「現代仮名遣い」が制定されました。これは私たちが現在使う仮名遣いです。ところで「現代仮名遣い」の前書きには、次の一文が記されています。

「この仮名遣いは、主として現代文のうち口語体のものに適用する」

この一文を読む限り、「現代仮名遣い」は「話し言葉を基にした文章」に適用されるものです。ですから、古典の小説はもちろんのこと、短歌や俳句、漢詩など、歴とした文語体には適用されないはずです。しかし実際はどうでしょうか。

兎追いしかの山

これは日本人ならば誰もが親しみを感じる、唱歌『故郷』の歌い出しです。しばしばこのように表記されますが、「兎追いしかの山」では、「現代仮名遣い」のルールと照らし合わせても、誤りとなってしまいます。文語体で書かれたこの詩は大正五年に作詞・作曲されたもので、本来、次のように表記されていました。

兎追ひしかの山

唱歌『故郷』は「現代仮名遣い」が私たちの生活に誤って浸透する中で、このように書き換えられてしまったのです。そして、『故郷』と同様に、文語体で書かれた多くの名文・名詩が「現代仮名遣い」に書き換えられ、本来の意味を失い、あるいはゆがめられ、次の世代へと伝わってしまったのでした。

仮名遣いに限ることなく、私たちが日常何気なく使っている日本語には、これと似たような矛盾や疑問をはらんだものがたくさんあります。それは「偽造日本語」とでも呼べる代物でさえあるのです。

現代日本語が抱える矛盾の多くは、言語の自然な変化の中で生まれたものではありません。あるときは時の権力者が、またあるときは知識人が、あるときは外圧により、またあるときは「国」が、それぞれ意図を持ってねじ曲げ形を変えてしまったのです。

これから始まるのは、歴史に翻弄されながらもへこたれずに生きてきた、愛すべき日本語の物語です。そして、子供たちに伝えていかなければならない「本物の日本語」のお話です。

平成二一年五月

土屋《つちや》秀宇《ひでお》

日本語「ぢ」と「じ」の謎　目次

第2章　「西洋に追いつけ」が主流の中で翻弄された国語　41

第3章　漢字廃止に連動する仮名遣い論争勃発！　59

第4章　近代国家に漢字はいらない？　73

第5章　何か変？　ゆがんだ国語が続々誕生！　91

プロローグ
あなたは日本語が変なことに気づいていますか？

「鼻血」は「はなぢ」なのに、どうして「地面」は「じめん」なのか？

皆さんの多くが、パソコンを使っているかと思います。たとえば「鼻血」を入力してみてください。これは「はなぢ」と入力しますね。では「地面」は？　こちらは「じめん」と入力しなければ正確に変換されません。「血」も「地」も同じ「ち」であるはずなのに、「鼻血」の「血」は「ぢ」、地面の「地」は「じ」と書きます。これは現代日本語が抱える大矛盾です。

学校教育でも同様です。実際にこんなエピソードがあります。ある小学生が読み書きのテストで、「地面」に振り仮名をつけようとして、最初は授業で習った通りに「じめん」と書きました。でも『地』は『ちきゅう』の『ち』なのだから、これはおかしい」と思い、「ぢめん」と書き直しました。ところが答案は「×」。その子は「先生、どうしてですか？」と聞きに行ったそうです。論理的に考えればこの子の言う通りなので、先生はたじたじになってしまいました。そして苦しまぎれに、「それは決まりだから」と答えたそうです。論理的に考える力が潰《つぶ》されてしまう、これでは子供は賢くはなりません。でもそれが戦後に決められた「現代かなづかい」であり、未だにそれを引きずる現在の日本語の姿です。「現代かなづかい」とは、昭和二一年に内閣訓令・告示によって公布された仮名遣いで、現代の口語文を書き表すために、歴史的仮名遣いを現代語の発音に基づいた仮名遣いに近づけたものです。

「じ」と「ぢ」の使い方での混乱は、ほかにもあります。たとえば、「自治」の「治」は「ち」でも「政治」の「治」は「ぢ」ではなく「じ」、「手近」の「近」は「ぢか」となります。また「ず」と「づ」の使い方も混乱をきたしがちです。たとえば、次の二つの言葉はどのように仮名表記しますか？

●この言葉を仮名で書いてみてください

差し詰め

大詰め

正解は「差し詰め」が「さしずめ」、「大詰め」は「おおづめ」となります。同じ「詰め」なのになぜ違うのか？　面食らったことでしょう。これは文部省（現文部科学省）が作り、内閣が「告示」した、「現代かなづかい」のルールがあるからです。それは以下のような珍妙なものです。

> 二つの言葉のつらなり（＝連合）で生じた
> 「ジ／ヂ・ズ／ヅ」は「ぢ・づ」で書く

これに従えば「鼻血」は「鼻」と「血」の連合で、「ぢ」となるわけです。では「地面」は「地」と「面」の連合ではないのかというと、当時の文部省の見解は「地面」で一つというのです（※）。また「大詰め」は「大」と「詰め」の連合で、「差し詰め」は連合ではないというわけです。極めて分かりにくいルールです。それに、どこの誰が「この言葉が連合か否か？」と考えて、仮名を書くでしょうか？　おそらく文部科学省の職員でも、こんな論理を頭に浮かべて仕事をすることはないでしょう。

よほど先ほどの小学生の「『地』→『ち』→『地面』→『ぢめん』」という論理の方がまともとは思いませんか。

ちなみに「現代かなづかい」は昭和六一年に「現代仮名遣い」に改定され、制限が少し緩くなりました。たとえば「世界中」は、「現代かなづかい」では「せかいじゅう」ですが、「現代仮名遣い」では「せかいじゅう」を本則としながらも、「中」の漢字の意味が生きている「せかいぢゅう」でもよろしいという、何とも曖昧な扱いを受けています。しかし多くの教師はそんな細かいことまでは知りませんから、学校のテストでは「せかいじゅう」でなければ「×」にして、事実上、「せかいぢゅう」は否定されているのでしょう。

ちょっと難しい話ですが、これについては「表音派」と「表意派」の、二つの考え方があります。表音派は「発音に基づいて書く」、表意派は「漢字（言葉）の意味に基づき仮名書きする」という考え方で、明治時代から両者の衝突は繰り返されてきました。そして戦前までは、表意派の考えに基づく「歴史的仮名遣い」が使われており、「地面」も「ぢめん」と書いていました。ちなみに「歴史的仮名遣い」とは、平安中期以前の万葉仮名の文献を基として、江戸時代前期に契沖《けいちゅう》が提唱、明治以後の教育制度にも採られて一般に用いられていた、語を仮名で表記する際の方式のことです。皆さんも古典で「言ふ」や「ゐる」などといった言葉を目にしたことがあるかと思います。

古い時代から日本では、話し言葉と書き言葉を使い分けてきました。しかし余りにも複雑なので、「発音通りに統一しよう」という動きが明治時代に起き、その後の時代でもありました。一理あることですが、話し言葉は時代によって変化するので、それに合わせて文字を変えると不安定になります。一方、書き言葉は後の時代にまで残るので、変えてしまうと意味が通じなくなります。それゆえ明治ならば森鷗外、大正ならば芥川龍之介などの作家や社会全体が反発し、書き言葉は生き残ってきたのです。

書き言葉を保存しようというのは、世界中で行われています。たとえば英語。英語はその発展上、一一世紀から一五世紀頃までの英語を「中期英語」、一六世紀から一九世紀までを「近代英語」と呼びます。中期英語後期から近代英語の時代にかけて発音が大きく変化し、その結果、発音と綴りが一致しない言葉がたくさん出てきました。一例として挙げるのならば、「ｋｎｉｇｈｔ」（騎士）の「ｋ」。中期英語では「ｋ」を発音していたとされていますが、近代英語では発音しなくなりました。それでも

「k」を残しているのは、取ってしまうと意味が分からなくなるからです。表意派は日本語もそうあるべきと考えてきました。

しかし敗戦で変わりました。明治時代より「日本語を発音に基づいて書く」方針を主張してきた表音派の影響で、表音派の論理による「現代かなづかい」が導入されました。

ところが、分かりやすくなったはずの日本語には、逆に多くの矛盾が生まれました。私たちが現在、「鼻血」を「はなぢ」と書き、「地面」を「じめん」と書いているのも、その一つというわけです。

※「じ」について
「地面」の「地」を「じ」と表記することについて、「現代仮名遣い」では、「漢字の音読みでも、もともと『じ』と濁っているもの」とも説明されている。

火によってとけるから「熔岩」なのになぜ「溶岩」と書くのか？

漢字は一つ一つに意味があります。そして意味を持つ漢字が組合さり、たくさんの言葉が生まれます。この組合せは言葉の持つ意味を表すのに相応《ふさわ》しいものでなくては不自然です。しかし私たちが使う言葉には、意味を無視して作られてしまったものがあります。たとえば「溶岩」。

「溶岩」の「溶」は「さんずい」を見ても分かるように、「（水に）溶ける」の意味です。でもこれでは「火でドロドロのマグマ（あるいはその冷えたもの）」という意味にはなりません。「溶岩」の本来の意味を考えると、「熔岩」がしっくりときます。また「月食」もそうです。「月食」は蚕が桑の葉を少しずつ蝕《むしば》んで行くように、月が徐々に欠けて行く様子を表した言葉です。「食」では微妙な意味が伝わらず、やはり

「月蝕」が相応しく感じます。

実際、「熔岩」も「月蝕」も、昭和二一年に政府によって「当用漢字」が公布されるまでは使われていました。当用漢字とは、「漢字の数が余りにも多いから、世の中で使う漢字の数を制限しよう」との考えから、使用頻度の高さによって選ばれた、一八五〇字の漢字を指します。ところが「熔」も「蝕」も一八五〇字に含まれませんでした。そこで考えられたのが、「発音と意味が比較的近いから」という理由で代用された漢字、「代用漢字」です。この発想は、発音に基づいて仮名を変えてしまった「現代かなづかい」と近いものがあります。ところで次の二つの漢字熟語で、意味からして適切と思えるのはどちらでしょうか。

● 「肝臓と腎臓は人体にとって重要なものだから」という意味に相応しいのは?

肝心

肝腎

「かんじん」の本来の意味は、「人体にとって重要な臓器」である「肝臓」と「腎臓」からきています。そこで「肝」＋「腎」が多く使われていました。ところが「腎」が当用漢字から漏れたために、重要な内臓であり発音が近い心臓の「心」で代用したのです。ほかにも代用漢字はあります。

「煖房」は「火によってあたためる」の意味で「煖」を使っていました。しかし「暖」に代用され「暖房」となりました。これでは「お日様であたためる」といった意味で、太陽発電に限られた言葉になってしまいます。

また「興奮」は「気持ちがたかぶる」の「昂」を使い「昂奮」と書かれていましたが、「興」で代用。「更生」も「新たに生まれ変わる＝よみがえる」の意味で「甦」を使い「甦生」と書いていました。こういう矛盾がたくさんあるのが、代用漢字の世界です。所詮、代用漢字は言葉の本来の意味を表現できない、「本物には成りきれない」漢字だと言えます。

ちなみに昭和五六年に当用漢字が改定となり、一九四五字からなる「常用漢字」が公布されました。当用漢字は「これ以外は使ってはいけない」という制限でした。しかし常用漢字は、法令、公用文書、新聞、雑誌、放送など一般の社会生活の中で、

「この漢字を使いましょう」という目安となっており、制限の要素は弱くなっています。したがって現在では、雑誌などで「月蝕」「昂奮」などは使われるようになっています。

なお、常用漢字については、一九一字が平成二二年度中の告示で追加される見通しです。また、常用漢字の追加に合わせ、これまで「わたくし」しかなかった「私」の訓読みを、「わたし」も認めるなど、常用漢字における三四字で訓読みが追加される見通しです。

しかし新聞では、まだ代用漢字を多く使っています。新聞倫理綱領を制定・実践する自主組織である「日本新聞協会」の中で用語集があり、その改善懇談会で「もうそろそろ改めよう」という動きはあるようですが……。

また教育の現場でも「月食」「暖房」「興奮」など、代用漢字で学習しています。「本物には成りきれない」漢字がまかり通り、子供たちは「本来の漢字」を知る機会のないまま、大人になってしまうのです。とはいえ、現に私自身もやむを得ず代用漢字を使ってこの本を書いていますが……。教育者や学者による「月蝕」や「煖房」を復活させる運動もありますが、おそらく政府や文部科学省が「月食」を「月蝕」に戻すことはしないでしょう。

ところで、なぜ当用漢字が生まれたのか？　また何が目的だったのか？　それについては後の章で詳しくお話ししましょう。漢字が、そして日本語が歴史の波にどのように呑み込まれてしまったのか？　そこには意外な事実があります。

素朴な疑問！　なぜローマ字が義務教育に組み込まれているのか？

何の役に立つのか分からないけれど、義務教育に組み込まれているものに「ローマ字学習」があります。学校教育がローマ字を採用したのは昭和二二年からで、現在でも小学校四年生からローマ字の授業が行われています。

ところでローマ字は実用性があるのでしょうか？　たとえば駅のローマ字表記。

●「日本橋（にほんばし）」の駅名のローマ字表記は？

① nihonbashi
② nihombashi

答えは「ヘボン式」の②です。①は「訓令式」でのローマ字綴りです（ヘボン式と訓令式については四七ページで詳しく説明します）。

英語では「ん」の後にくる「b」と「p」は、いったん唇を合わせ破裂させる、いわゆる「破裂音」となります。「n」は上の歯茎の裏に舌先を当てて発音します。一方、「m」は「b」と「p」と同じく唇を合わせる音なので、「b」と「p」の発音の準備として相応しいのです。したがって「nihonbashi」ではなく「nihombashi」となるわけです。

ところが、もし日本語の発音に準じて表記をするとどうでしょうか。つい「nihonbashi」と書いてしまうかもしれません。複数の綴りがあり、しかもまぎらわしい。たとえば外国人に英語の駅名をメモ書きで説明しても、ローマ字表記を使うと正確に伝わらないことになります。

このようにローマ字は実用性が高いとは言えず、弊害は英語学習に現れます。たとえば「ｎａｍｅ」。義務教育ではローマ字を先に習うので、初めてこの単語に触れた子供は「ナメ」と読みがちです。しかし「ｎａｍｅ」の「ｅ」は「サイレント・レター＝黙字」と呼ばれ、発音しない字となります。それが付いていると「ａ」の発音は二重母音の「エイ（ｅｉ）」となり、「ｅ」がなければ単母音で「ア（æ）」と発音します。ローマ字読みが染みついていると、これをすんなりと受け入れることができない可能性もあります。

子音をきれいに発音できなくなる弊害もあります。たとえば「ｃａｐ」「ｎｏｔ」の「ｐ」と「ｔ」は添える程度に発音しますが、「プ」「ト」と日本語的な発音となりがちです。

ところで私たちは何のためにローマ字を勉強するのでしょうか？　今の時代にローマ字と言われて思いつくのは、パソコンの「ローマ字入力」くらいです。パソコンの入力では役に立ちますが、当時の文部省が戦後間もない頃に、国民のパソコンの日常使用を予見したはずもありません。その理由を文部省は、「国語教育の徹底をはかり、社会生活の能率を高め国民の文化水準を向上させるために」としています。

「ローマ字を日本語にしよう」という運動は明治の初期からありました。その最大の理由は、「アルファベットは二六文字しかなく、簡単で合理的」というものです。「漢字は余りに多すぎる。ローマ字を使うことで（学習など）能率の向上につながる」と考えたわけです。

戦後、政府は「日本語のローマ字化」を推し進める「ローマ字派」と呼ばれる人たちの意見を受け入れ、また米国の影響力により、ローマ字を教育の現場に導入しました。しかし昭和四〇年代になると、さすがにその意味のなさを理解したのか、力を入れなくなりました。昭和三三年の「学習指導要領」（文部省が告示する教育課程の基準）では、「小学校におけるローマ字学習の時間が第四学年で年間二十時間程度、第五学年と六学年が同十時間程度」とされています。また中学校も、「小学校で学習した事項を適宜応用するように指導する」となっています。ところが昭和四三年の「学習指導要領」では小学校が、「ローマ字による日常触れる程度の簡単な読み書きを指導するものとする」とのみ記され、時間などには触れられていません。中学校に至ってはローマ字学習について、何も記されていません。

国語に限らず戦後日本の教育における欠点は、何でもかんでも合理性と能率を重視している点にあります。面倒でも、大事なものはきちんと教えなければいけないという発想が欠落しているのです。これは社会全体にも通ずることです。

近代化の波に呑み込まれ合理性に目を奪われ、大切なことを見失ってしまった……。戦後のローマ字問題も、その一つの現れだと思います。

第1章

あの有名人が漢字を廃止しようとしていた？

一円切手の人、前島密《ひそか》が将軍慶喜に漢字廃止を建白

この章では、歴史上の有名な人物が日本の国語問題に関わっていたというお話をしましょう。

皆さんは、明治時代の政治家であり日本の近代郵便制度の創始者である前島密という人物をご存じですか？　名前は知らなくても、「一円切手の人」と言えばピンとくるかもしれません。近代郵便制度の基礎を作り、「郵便」や「切手」といった言葉を考え出したのが、ほかならぬ前島密です。慶応二年一二月、彼はある建白書を江戸幕府最後の将軍、徳川慶喜に提出しました。建白書の名前は、「漢字御廃止之議」。実はこれこそが、現在も続く国語問題の発端ともいうべき意見書だったのです。

「漢字御廃止之議」に書かれた、前島密の意見文をいくつか抜粋してみましょう。何

と書いてあるか分かるでしょうか？

●「漢字御廃止之議」の抜粋

①　西洋諸国の如く音符字（仮名字）を用ひて教育を布かれ漢字は用ひられず終には日常公私の文に漢字の用を御廃止相成候様にと奉存候

②　教育に漢字を用ひるときは其字形と音訓を学習候為長年月を費し（中略）無益の古学の為に之を費し其精神知識を頓挫せしむる事返す返すも悲痛の至に奉存候

③　御国普通一般の教育は上下の二等に分れ其下等なるものは只僅に姓名の記し方消息の書き方及其職業に就て要用なる字面を諳するのみにして卒り（後略）

要約すると、以下のようになります。

①は「外国のように音符字（仮名文字）を使い、漢字は使わないようにしよう」という意味。②は「漢字の音訓を学ぶことや、役に立たない古代の学問を学ぶことに長時間を費すことが、果たして意味があるのか」、③は「日本の教育は上下二つに分か

れ、下層の人々は自分の名前と手紙文、仕事に必要な文字を書くことだけで一生を終える」という意味になります。つまり、「日本に教育を普及させるためには、漢字のような複雑極まりない文字などを使っていたらいけません」ということです。その割に、建白書の内容は漢字だらけというギャップが面白いのですが……。

当時、日本の子供たちは寺子屋や藩校といった教育の場で、学問に励んでいました。そこでは、文章の意味を気にせずに、まず文字だけを音読する「素読《そどく》」という学習方法が取り入れられ、子供たちは文章の意味も分からずに、ただひたすら漢文を朗読していたのです。こうした学習に疑問を抱いていたのが、前島密です。米国人宣教師ウィリアムズの影響により、かねてから外国のアルファベットに心酔していた前島は、日本の文明が西洋諸国に遅れを取ったのは「教育に難解で覚えづらい漢字を使っているからだ」という結論に達しました。漢字にしてみれば、まったくの濡れ衣です。そして、「漢字御廃止之議」を建白し、日本でもアルファベットのような表音文字、すなわち仮名文字を多く用いるべきだと結論づけたのです。字形も単純な仮名文字の方が、漢字よりも遥かに教育上能率的であると考えたのでした。

しかし、時の幕府は「漢字御廃止之議」を却下し、前島密の申し立ては認められませんでした。その後、幕府は崩壊し明治時代がスタートします。新たに誕生した明治政府の招聘《しょうへい》により、前島は民部省に勤めることになりました。ここでも彼は、政府に度々漢字廃止を訴えます。明治六年には啓蒙社《けいもうしゃ》を設立し、平仮名だけで書かれた『まいにちひらかな志んぶん志』まで発行しているのです。

このように、前島密を漢字廃止に駆り立てたものは何なのか？　それは、彼の強い愛国心ではなかったのかと、私は思います。彼は漢字の排斥を訴えるのと同時に、当時は区別されていた話し言葉と書き言葉を統一すべきだと説いています。これを「言文一致」といい、後ほど詳しく説明しますが、要は漢字だらけの難しい書き言葉を、もう少し分かりやすくしようという提案でした。その根底には、日本にもっと教育を普及させなければいけない、早く諸外国に追いつかなければならないという前島の熱意があったのです。私は、彼の純粋な愛国心には大いに敬意を表したいと思います。ただし、そのために漢字を排斥しようという結論に至った点については、思慮不足だったのではないかとも思うのです。

いずれにせよ前島の一連の言動が漢字廃止論のきっかけとなって、その主張を引き継ぐように多くの知識人が漢字制限、漢字廃止を声高に訴えるようになるのです。

新井白石も福沢諭吉も漢字制限派だった！

前島密と同時代を生き、「廃止」とまではいかないものの「漢字制限」を唱えた人物に福沢諭吉がいます。一万円札でおなじみのこの人も、漢字ではなく仮名文字を公用文字にすべきだと説いていたのです。江戸に洋学塾を開いたり、幕府の使節団と一緒に度々欧米に渡るなど、諭吉の西洋文化への傾倒ぶりはつとに有名です。著書にも『西洋事情』『世界國盡』といったものが並び、相当の西洋通であったことがうかがえます。そんな彼のことですから、前島以上に「漢字など即刻撤廃してしまえ！」と主張していたのではないかと思いがちですが、実はそうではありません。

明治六年、諭吉は当時の小学生のために『文字之教』という読本を著しました。読本は全部で三冊あり、その中の一冊『第一文字之教』のはしがきで、次のようなことを書いています。

●『第一文字之教』の抜粋

日本ニ仮名ノ文字アリナガラ漢字ヲ交ヘ用ルハ甚タ不都合ナレトモ（中略）漢字ヲ全ク廃スルノ説ハ願フ可クシテ俄ニ行ハレ難キコトナリ（中略）ムツカシキ漢字ヲバ成ル丈用ヒザルヤウ心掛ルコトナリ。ムツカシキ字ヲサヘ用ヒザレバ漢字ノ数ハ二千カ三千ニテ沢山ナル可シ

つまり、「漢字を全廃するのは容易なことではない。難しい漢字をなるべく使わないように心がけ、使うとしてもその数は二〇〇〇から三〇〇〇あれば十分だろう」ということです。この『文字之教』からも分かるように、諭吉は必ずしも漢字を「全廃」しようと考えていたわけではありません。どちらかといえば、漢字の数を制限してはどうかと唱えていたのです。事実、『文字之教』では漢字を一〇〇〇字程度に絞り、片仮名と交えて分かりやすく（？）書いています。

また、二人の息子のために毎日、一条ずつ書いて与えたという『ひゞのをしへ』の

中では、諭吉はほとんど平仮名で書いています。幼い我が子にも読めるように、日々の決まりごとを易しい平仮名で書き表したというわけです。

さて、福沢諭吉や前島密が生まれる遥か以前にも、実は「漢字を廃止すべきだ」と主張する人はたくさんいました。その中でも特に有名な人物が、新井白石です。江戸中期を代表する儒学者、政治家として知られる白石は、幼い頃より学芸に非凡な才能を示し、周囲の人間を驚かせていました。驚くべきことに、わずか三歳にして父の持つ儒学の書物を、そっくりそのまま書き写したという逸話も残っているのです。そんな「神童」白石でさえ、当時輸入されたばかりの西洋文字、アルファベットには度肝を抜かれたようです。何といっても平仮名のようにシンプルで、また平仮名よりも文字数が少ないわけですから、知識人がこぞって「何と便利な文字なんだ！」と驚いたのも無理はないかもしれません。白石もその中の一人だったのです。徳川幕府で外国貿易の改革などに従事していた彼のことですから、余計にアルファベットを始めとする西洋文化がまぶしく見えたのかもしれません。

正徳五年、白石は『西洋紀聞』という書物の中で、カトリックのイタリア人宣教師であるジョバンニ・バチスタ・シドッチの意見を紹介しています。そこで彼は、アルファベットに比べて漢字は文字数も多く、覚えるのに苦労すると書いています。これはあくまでシドッチの意見ですが、白石もおおむね同じことを考えていたのでしょう。

さらに、白石は享保九年に発表した『東雅』という語学書で、次のようなことを記しています。

●『東雅』の抜粋

西方諸国の如きは、方俗音韻の学を相尚びて、其文字の如きは尚ぶ所にはあらず、僅に三十余字を結びて、天下の音を尽しぬれば、其声音もまた猶多からざる事を得べからず、中土の如きは、其尚ぶところ文字にありて、音韻の学の如きは、西方の長じぬるに及ばず

これによると、白石は西洋のアルファベットの方が、日本や中土（中国）の漢字よりも優れていると論じたのです。彼はまた、日本語で文章を書くときも、英文のように左から右へ横書きにしてはどうかというアイディアを出しています。現代の日本でもよく見かける日本語の横書きは、実はこんなところから端を発しているのです。

わずか二六文字に幻惑された江戸・明治のインテリ層

漢字は難解で、覚えるのに苦労する。西洋諸国の繁栄は、アルファベットという平易な表音文字を使っているおかげだ。だから、漢字なんぞ使っていたら日本は世界から取り残されてしまう――。

前島密や福沢諭吉、新井白石に限らず、アルファベットに触れた多くの学者や知識人がこう思っていました。そこには「西洋に追いつけ!」という劣等意識に加え、「自分たちが時代の先駆者である」という思いがあったのでしょう。しかし、アルファベットの「二六文字」という数の少なさに目がくらみ、数が多いからという理由で漢字を制限、排斥しようというのは、余りにも短絡的です。アルファベットも一文字一文字に意味はなく、組合せを変えることで何千、何万という単語になるのです。ただし、当時の知識人はそこまで考えが及びませんでした。それだけ、アルファベットの出現は衝撃的な出来事だったのです。

知識人の「考えが及ばなかった」ことは、ほかにもあります。それは、日本の識字率です。江戸時代、日本国民の二五パーセントが寺子屋や藩校で学んでいました。最低限の読み書きができる人間が、国民の四人に一人。実はこれは、一九世紀半ばの世界各国の識字率と比べても、大変に高い数字だったのです。ところが、当時の日本は鎖国政策の真っ只中。当然、知識人とはいえ、世界の教育事情など正確に把握できるはずもありません。結局、アルファベットの見た目と数の少なさに驚いた人々が、「こんなに凄い文字を使っているのだから、西洋人は日本人よりも頭がいいに決まっている！」と早合点してしまい、それが一連の漢字廃止運動に結びついたというわけです。

ただ、こうした国語国字問題は日本に限らず、世界の国々で起きています。たとえば、漢字を日本に伝えた中国でも、ある時期国字をローマ字にしようという動きがありました。もともと漢字を使っていたベトナムでも、フランスの植民地政策によってローマ字を使うようになりました。近代化や戦争という時代の転換点に差しかかったとき、どんな国でも言葉や文字の問題は起こるものなのです。

中国から日本に初めて漢字が伝わって来たとき、日本人は大変賢い選択をしたと私は思います。なぜなら、当時の人々にとって漢字伝来はアルファベット伝来と同じくらい衝撃的な出来事でした。しかし、決して漢字に呑み込まれることはなく、しっかりと自分たちの言葉の中に溶け込ませて行きました。そして日本独自の漢字の読み方「訓読み」を発明したのです。それ以前には、漢字の発音のみを使って日本語を表そうとする「真仮名」も生まれました。「真仮名」は「真仮字」とも書き、表音文字として扱うものです。日本の難読地名に、真仮名の名残を見ることができます。この「真仮名」は日本最古の歌集である『万葉集』にも登場し、「万葉仮名」という何とも味わい深い名前で呼ばれています。そして万葉仮名から平仮名と片仮名をも作り出したのです。このように古代の日本人の創意工夫は見事なものでした。

これに比べて、アルファベット伝来時の知識人たちは対照的でした。激動の時代にあってのことですから、漢字排斥も致し方のないことだったのかもしれませんが……。幸い、漢字廃止論を唱える人々がいる一方で、漢字を擁護する人々もいました。その後、彼らは一世紀以上に亘《わた》って熾烈な論争を繰り広げて行くのです。

第2章

「西洋に追いつけ」が主流の中で翻弄された国語

書き言葉と話し言葉を統一せよ！
携帯メールの原点は明治時代にあり？

明治に入ってから、「漢字を廃止しろ！」「いや、守れ！」といった、国語をめぐる戦いが学者、作家などを中心にして始まります。その背景には、「話し言葉（＝言）と書き言葉（＝文）を統一しよう」という「言文一致」運動がありました。

日本では長い間、「漢文体」「漢文直訳体（訓読体）」や、基本的には漢字のみで書かれ、江戸時代は公文書に用いられた「候《そうろう》文体」が使われてきました。特に漢文直訳体は「普通文」とも呼ばれ、新聞や学術論文では漢文直訳体が広く使われていました。教育の普及の観点から、「話し言葉（＝口語体）と書き言葉（＝文語体）の溝を埋め、耳で聞いて分かる文章」を目指した言文一致運動が起きたのも、当然の成りゆきだったと言えましょう。

ところで漢文体、漢文直訳体、候文体がどのような文章なのか、『論語』の一文を例に挙げてみましょう。

●漢文体

曾子曰、吾日三省吾身。

●漢文直訳体（訓読体）

曾子曰く「吾、日に吾が身を三省す」。

右の文章を口語体にすると、こうなります。

「曾子は言う、『自分は毎日、自分が行ったことについて何回も反省する』」

また候文は以下のような文体です。

●候文体

拝啓仕候　御案内申上候。遠路の所御迷惑には候へども……

明治の末には小説のほとんどが口語体となり、大正時代には新聞の社説も口語体となりました。言文一致を好んで使った作家には、二葉亭四迷、山田美妙、尾崎紅葉、正岡子規などがいます。言文一致において「国民語の資格を得ていない漢語は使わない」という姿勢を貫いた明治の文豪、二葉亭四迷の著書に『余が言文一致の由来』がありますが、これは坪内逍遥に「円朝の落語通りに書いてみたら」と助言され、敬語なしで書いたというものです。

言文一致の動きは「漢字、仮名、ローマ字のどの文字を採用するか?」の争いでもあり、それは「型」(=文語体)を守ろうとする派と、崩そうとする派の争いだったとも言えます。

言文一致が教育の普及に貢献したのは事実です。しかし口語体に偏ると読みやすく品位のある日本語を「頭を使って書く」という行為が疎《おろそ》かにされるという一面もあります。そうなると思考能力は低下し、大げさかもしれませんが精神堕落・国語破壊の危機へとつながりかねません。たとえば樋口一葉の手紙文を例に挙げてみましょう。皆さん、どの文章が美しいと感じますか?

●候文での一葉の手紙

酷暑の砌、いかが御凌ぎゐらせられ候や。暑中御伺ひのしるしばかり、葛素麵一重御覧に入れ候。くれぐれも御いとひのやう願はしく候。

かしこ

●現代の書簡文に直してみると

厳しい暑さが続きますが、いかがお過しでしょうか。暑中お見舞のしるしに、葛素麵を少しばかりお送りしました。くれぐれも御自愛のほどお祈り申上げます。

かしこ

●携帯メールの文体にすると

ちょー暑くない？　やばいよー。生きてる？　ソーメン好きじゃん。だから、きようさー、送っといたから。じゃーね。バイバイ候文は格調があり、相手への心遣いが伝わり、どこか涼しげでもあります。現代の書簡文も丁寧に書いてあれば同様です。ではメールの文章は？　究極的な口語文とも言えますが、心がささくれ立ち暑さがぶり返してくる、そんな感じはしませんか？

かな派、ローマ字派
漢字廃止を主張する二大派閥が誕生

言文一致運動を背景に、明治初期から漢字廃止が主張されるようになりました。その中心となるのは「ローマ字専用論」、そして「かな専用論」の二大漢字廃止論です。ローマ字派の明治最初の主張者は、当時、政府学問所で学ぶ学生だった南部義籌《なんぶよしかず》という人物で、明治二年に「修國語論」を発表しています。その後、明治七年に啓蒙家でもある教育者の西周《にしあまね》が、「洋字ヲ以テ國語ヲ書スルノ論」を、つまり「ローマ字を公用語にせよ」という論文を発表しました。

明治一八年には、社会学者の外山正一らが「羅馬《ローマ》字会」を結成。しかし英語の発音に準拠した「ヘボン式」にするか、日本語の音韻学理論に基づき発案された「日本式」にするかで、内部対立が続きます。ヘボン式では「し」「じ」「ふ」は「s h i」「j i」「f u」、日本式は「s i」「z i」「h u」となり、いくつかの文字で表記が異なってくるのです。大正時代には官公庁が日本式を使用。昭和一二年に両者の折衷案として「訓令式」採用の内閣訓令が出されるものの、戦争の時代になると「ローマ字は敵性の文字」という見方までされ、運動は影を潜めてしまいます。ローマ字派の主な主張は以下の通りです。

●ローマ字派の主張

① 漢字は中国のもので日本固有のものではない。だからローマ字にしても構わない
② ローマ字はほとんど世界文字と言っても良い
③ わずか二六文字であらゆる語を書ける
④ 外国のタイプライターをそのまま使える

一方、かな派の先鋒《せんぽう》は前述した「一円切手の人」、前島密です。前島の力は大きく、明治一四年には小学校教則綱領に「仮名交じり文」が登場します。これは、仮名が主であり漢字を補足程度に使うというものです。かな派にも「かなのとも」という歴史的仮名遣いを主張する派と、「いろはくわい」や「いろはぶんくわい」といった発音式仮名遣いを主張する派に分かれていました。明治一六年に大同団結し、有栖川宮《ありすがわのみや》威仁《たけひと》親王を会長に据え「かなのくわい」を結成しますが、長続きせず内部分裂してしまいます。かな派でも漢字の「全廃派」と「擁護派」に分かれます。そして「まず漢字の全廃先にありき！」と考える全廃派は、漢字に代わるものとしての席の奪い合いで、しばしばローマ字派と対立。彼らは論戦で、こんな主張をしていました。

●かな派の主張

① 日本語に最適な表音文字は仮名である
② 仮名は五〇文字でローマ字は二六文字だが、この差はさしたる学習の負担にはならない
③ 同じ言葉を書くのにローマ字の方が多くの文字を要する

後に詳しく述べますが、漢字全廃論には上田萬年《かずとし》という人物が深く関わっており明治三三年、文部省の小学校令による一二〇〇字余の漢字制限も、上田萬年の系譜の人々によって行われています。擁護派としては、福沢諭吉の漢字制限論に始まり、明治三三年には、後に内閣総理大臣を務め「平民宰相」と呼ばれた原敬《はらたかし》が、大阪毎日新聞に「漢字減少論」を発表します。

また「外国語を公用語にする」と主張する一派、そして「新しい日本語」作りを目指した「新国字論派」と呼ばれた人々もいました。彼らはたとえばこんな文字を考えたのでした。

●この字を漢字で書いてみてください

杉

分かりましたか？　答えは「松」です。彼らは「熊＝けもの偏にクマ」など、偏と片仮名の組合せで新しい日本語を作ろうとしたのです。斬新なアイディアのつもりだったのでしょうが、「音読みができない」という致命的な弱点があり、泡沫のごとく消えてしまいました。

日本語に関わる激論が戦わされ、吹き出してしまいそうな珍妙な文字も登場。様々な主張がありましたが、彼らの思いは「日本を素晴らしい国にする」という点では同じだったに違いありません。現在では考えられないほど、その頃の日本は熱く燃えていたのでしょう。

〝妖怪博士〟も「異議あり！」漢字擁護派が反論を開始

漢字は難しい、数が多い……。すっかり悪者にされてしまった漢字ですが、漢字廃止の動きに反対する「漢字擁護派」の人々もおり、明治時代の初期から多くの反論がなされてきました。文部省の小学校令による漢字制限が行われた明治三三年には、著名な仏教哲学者、教育家であり〝妖怪研究家〟として知られる井上円了が「漢字不可廃論」を発表。それ以降も様々な漢字擁護論が展開されています。彼ら、漢字擁護派の主な主張の内容は以下の通りです。

●「漢字擁護派」の主な主張

① 漢字は日本文化と関係が深く、千数百年に亘る伝統を安易に切断するのはいかがなものか
② 漢字は一〇〇〇から二〇〇〇字あれば、その組合せで何十倍もの単語を組み立てることができる
③ 漢字を廃止すると同音の文字を区別することができなくなり、混乱をきたしてしまう
④ 視覚印象が明確な漢字は、一度記憶すれば仮名やローマ字よりも便利
⑤ 漢字が多すぎて害があるのは事実。したがって数を制限すれば、その利益を受けつつも害を減少させることができる

当時、ローマ字派などヨーロッパの言語学を基準に国字改革を主張した人々は、文

字を単に言語を写す道具として捉える傾向がありました。一方、対照的に漢字擁護派の主張には、伝統や文化といった要素を加味している点もうかがえます。また⑤の「漢字が多すぎて……」にあるように、漢字擁護派には「漢字節減」を提案する人々もいました。もちろん「漢字全廃」を目指すものではなく、いわば「漢字と仮名の良いところを生かす」とでも言える、現実的な着地点を提案する人々も多くいたのです。

小学校に「国語」が登場したのはいつ？その目的には何があった？

かな派、ローマ字派、そして漢字擁護派が日本語をめぐる熱き論戦を展開していた明治三三年、小学校に新たな教科が生まれました。それは「国語」です。「国語なんて、もっと昔からあったのでは？」と皆さんは意外に感じるかもしれませんが、それまで小学校で子供たちが学んでいたのは、「読書・作文・習字」でした。

ではなぜ「読書・作文・習字」が「国語科」に変わらなければならなかったのか？理由は明治時代における国家の第一の仕事が、「国家統一」だった点にあります。この時代は「標準語」も整備されておらず、「国家語」としての「国語」を必要としていました。国家を統一するためには、言葉もまとめなければならない……。明治維新から約三〇年が経過し国家としての体裁も整い、学校教育の普及が醸成される中で、国家、国民、そして国語が三位一体《さんみいったい》となって新しい日本を支える必要があったのです。

当時の日本は日清戦争に勝利した直後だったので、国家の経済発展や軍事力強化を促す「富国強兵」という国家主義を意識しての政策という一面もあります。また漢語は中国語ゆえ、「（日清戦争で）勝った我々が、なぜ負けた国（中国）の言葉を使わなければいけないのか？」といった思いが、特に国の上層部では強かったようです。英語やラテン語の歴史を見ても、多くの場合、戦勝国が敗戦国で自国の言語を普及させています。日本の知識階級が「日本人が漢語を使う」ことに大きな矛盾を感じたのは当然とも言えます。

さらに明治維新前後から日本の知識人の多くが西洋かぶれとなり、中国に対する蔑視があったのも事実です。前島密も「漢字御廃止之議」で「（経書の）支那（中略）

人民は野蛮未開の俗に落ち西洋諸国の侮辱する所となりたる」と、中国人を「野蛮未開の俗」とまで書いています。中国の人々が聞いたら激怒しそうな物言いですが……。

このようにして、国家は日本人のアイデンティティとしての「国語」作りに力を入れました。一方で、中国生まれの漢字の立場がますます危うくなって行くのです。

これじゃまるで漫画⁉
大顰蹙《ひんしゅく》の「棒引き字音仮名遣い」

日本では明治時代の一時期、小学校で「東京」を「トーキョー」などと仮名で表記するように教育していた時期がありました。これを俗に「棒引き字音仮名遣い」と言います。ここでは、今では漫画でしかお目にかかれない（？）棒引き字音仮名遣いの誕生と、大顰蹙の運命についてお話ししましょう。

「字音仮名遣い」とは、古来、日本に伝わり国語化した漢字を、仮名を用いて発音を表記することを指します。字音仮名遣いには、現在では一つの読み方しかないように見える文字でも、複数の表記をするものがあります。たとえば「こう」と発音する文字にも、「かう・かふ・こう・こふ・くわう」と五つの表記があります。一例を挙げるのなら、「高」は「かう」、「甲」は「かふ」です。なぜ、こんなに種類があるのか？　漢字が伝来したとき訓読みを発明する前の日本人は、当時の中国式の発音を真似するしかありませんでした。そこでいくつもの表記が生まれたわけです。ところが微妙に区別していた発音の違いも、時代とともにいつの間にか変化して、どれも「こう」と発音されるようになりました。

明治時代に入り国民のすべてが初等教育を受けるようになると、「発音が同じなのに仮名の表記が異なるのはややこしい」との主張がなされるようになります。そこで「統一すべきだ」という動きが出てきたのです。

明治三三年には先述した小学校令が公布されました。内容は「『か、くわ』は『か』、『が、ぐわ』は『が』で表記する」といったものでしたが、発音に近い漢字を棒引きの仮名で表記する「棒引き字音仮名遣い」も採用されました。

ではここで、ちょっと問題を出してみます。「お母さん」と「太郎」。棒引き字音仮名遣いではどのように表記すると思いますか？

●棒引き字音仮名遣いでの「お母さん」と「太郎」の表記、正しいのは？

オカーサン　オカアサン

タロー　　タロウ

正解は「お母さん」が「オカアサン」、「太郎」が「タロー」です。「なぜ？」と思った人も多いでしょうが、実は棒引き字音仮名遣いには「訓読みと、日本古来の固有の言葉である和語（日本に漢字が渡来する以前からあった大和言葉）は棒引きを使わない」というルールがあります。「オトウサン」「オカアサン」は、「父（フ）」「母（ボ）」を和語で読んだ言葉ゆえ棒引きを使わないというわけです。そんな理屈が小学生に理解できるはずもなく、しかも小学校教育のみに限るとされており、将来まるで役に立ちません。

不評でありながら、棒引き字音仮名遣いは八年間も採用されました。しかし明治四一年九月、文部省は棒引き字音仮名遣いを撤回。学期中のことで、ある日突然、教室の「トーキョー」の文字は「トウキヤウ」に書き換えられました。子供たちはもちろんのこと、教師たちも大混乱に陥ったのです。

ちなみに当時、小学校の教科書にはこんな文章が載せられていました。

「ガッコー　デハ　センセー　ノ　ヲシヘヲ　マモッテ　ヨク　ベンキョーシマス」

「ベンキョーシマス」とは、いかにも「勉強しそうにない」、何とも間延びした表現だとは思いませんか？

第3章

漢字廃止に連動する仮名遣い論争勃発！

〝柔道の祖〟嘉納治五郎も参戦⁉
文部省「国語調査委員会」って何？

日本が近代国家の道を歩み始めた明治以降、幾度も国語改革が行われてきました。その中心となるのが「国語調査委員会」です。まず明治三三年に前島密を委員長に迎えて前身となる文部省の委託機関、「国語調査会」が発足。明治三五年に文部省の正式な機関として国語調査委員会が発足しました。

「表音派」と「表意派」についてはすでに説明しましたが、国語調査委員会は表音派主導の組織でした。その基本方針は「音韻文字の採用」「言文一致体の採用」、教育の普及のための「標準語の選定」といったものです。音韻文字、つまり表音文字の採用を推し進めようとするところに、国語調査委員会が仮名遣いの表音化と、漢字全廃に大きく傾いていたことがうかがえます。

ところで国語調査委員会のメンバーには講道館柔道の創始者、嘉納治五郎も含まれています。意外な気もしますが、治五郎は東京帝国大学在学中に学習院の講師になるほど優秀な人物でした。その四年後には教授兼教頭に就任。また筑波大学の前身である東京高等師範学校の校長、文部省参事官などを歴任した教育者としても知られています。治五郎は欧州留学の経験もあり、「日本語の難解さは日本の文化を世界に広げる障害になる」と考えたようです。それゆえ熱心なローマ字論者となります。その主張がどうあれ、稀代の武道家でありながら一流の教育者でもある、まさに文武両道に生きたのが嘉納治五郎だったのでしょう。

さて、話を国語調査委員会に戻しましょう。当時、前章で触れた棒引き字音仮名遣いなど、文部省のやることは何かにつけて不評でした。結局、国語調査委員会は大正二年に廃止。その後、大正一〇年には「臨時国語調査会」（昭和九年に廃止）が、昭和一〇年には「臨時国語審議会」（その後「国語審議会」と名を変え平成一二年まで存続。現在では文化庁に統合され、「文化審議会」と名称を変更）が発足します。いずれも表音派が後押しする国語調査委員会の流れをくむ機関でした。

明治から昭和にかけて、表音派と彼らが大きな影響力を及ぼす文部省は仮名遣いの表音化や漢字全廃など、日本語の大きな改革を試みてきました。しかしその度に民間からの反論が巻き起こり阻止されてきました。この時代、「民」が声を上げれば「官」の決定も覆される、ある意味、現代よりも民主的な時代であったと言えるのではないでしょうか。

国語施策の「官」のリーダー上田萬年を知っていますか?

明治三五年に国語調査委員会が発足。その流れをくむ機関が名前を何度も変え、平成一二年まで存続してきたことはお話ししました。この国語調査委員会を語る上で欠かせない官僚が、上田萬年という人物です。

上田萬年は前島密に始まった漢字廃止、表音字論を引き継いだ国語学者です。東京帝国大学では、多数の国語学者、日本語学者を輩出した国語研究室の初代主任教授を務め、前島密を委員長とした国語調査会では委員に任命されます。国語調査委員会では主事という中心的な席に就き、小学校での字音仮名遣い廃止を推進します。

上田萬年は学者でありながら、まさに「官僚的」な人物と言えます。彼は日清戦争中の明治二八年、私立の教育団体「大日本教育会」の講演で、こんな宣言をしています。

「自分は、言語についても中央集権主義を採ることに賛成する」

つまり、「民がいかなることを唱えようとも強引に、官主導の国語の改革を押し通す」と言っているのです。

東京帝国大学を卒業し大学院に進学。ドイツ、フランスに留学し帰国した上田は絵に描いたようなエリートでした。自信家であり、また時代の先駆者というプライドが、先の発言をさせたのでしょうか？　近代国家への邁進《まいしん》、戦後の復興などは、ある意味、日本の官僚が優秀だったからという見方もできます。主張が何であれ、前面に立ち官主導を主張した上田には、昨今の私腹を肥やしたがる一部の官僚にはない凄味さえも感じます。

なお上田萬年が主任教授を務めた国語研究室からは『広辞苑』を編纂した新村出《しんむらいずる》

のほかに、橋本進吉、時枝誠記《もとき》、文化勲章を受章した山田孝雄《よしお》といった優秀な学者が育っています。上田が優れた学者であり教育者であることがうかがえますが、優秀な弟子の多くは表意派となり仮名遣いの表音化、漢字全廃に反対。後に上田と対立することになります。また国語調査委員会の核となり、近代日本の国語改革を強引なまでに推し進めようとした上田萬年ですが、晩年になり改良論、つまり仮名遣いの表音化、漢字全廃論を撤回したとも言われています。昭和一二年にその七一年の生涯を閉じた彼の目に、日本語の変貌はどう映っていたのでしょう。

この時代、仮名遣いの表音化、漢字全廃の動きにおいて重要なポジションを占めた人物をもう一人挙げるとしたら保科孝一《ほしなこういち》でしょう。保科は国語研究室に籍を置いた、いわば上田萬年の直系の弟子です。明治三三年には上田とともに、棒引き字音仮名遣いを上申しています。

保科孝一は国語調査委員会の「補助委員」を務めていました。補助委員とは文部省の嘱託で、議事録や報告書の作成が仕事です。しかし保科は自分たちの主義主張を、微妙に報告書に盛り込んでいたと言われています。また本来、意見を言える身分ではないのに発言してしまうことが多かったようです。

やがて保科孝一は自分の周辺に漢字廃止、表音字化を究極の目的とする、「上田萬年の系譜の人々」を集めて行きます。ちなみに文部省の嘱託身分は昭和二五年までの五〇年間の長きに及びます。上田萬年が官僚として前面に立った男だとすれば、保科は嘱託の身分を上手に使った、いわば「影の男」と呼べるかもしれません。事実、彼は戦後、「現代かなづかい」が導入されて以降、自著『国語問題五十年』の回想録で、まずは自分たちの主張が受け入れられた喜びを語り、以下のような文を続けています。

「この五十年間文部省嘱託として、よくも置いてもらったものだと、心から感謝しなければならない。というのは、わたくしの仕事が気にいらない大臣もあり、次官もあった。（中略）追放を免れたのは、嘱託という死角の中に身を置いたためであろう」

「死角」という言葉に、保科孝一の執念を感じざるを得ません。


ところでこの時代、「官主導型」の国語改革が行われようとしていましたが、外国ではどうだったのか？　日本と対照的なのが、フランスの「アカデミー・フランセーズ」です。フランス語の誤用や言語の乱れを監視する、正しいフランス語の維持を目的とする機関で、会員には文学者を中心に学者、科学者など当代のフランスで最高の文化人が選ばれています。

一七世紀の昔から、フランス語に関するあらゆる問題はアカデミー・フランセーズ編纂の辞書が決定してきました。各時代を通じ国語の擁護と浄化のために、四〇人の碩学《せきがく》が辞書に入れる言葉か否かを決定。フランスでも何度も「綴り字簡略化」が持ち上がりましたが、国民の厳しい反対により実現を見ることはありませんでした。彼らは徹底的に「便宜主義」を排除し、広く知識層の賛同を得て防衛に努めてきました。また新聞記者の団体からは卒然として国語擁護運動が起きています。この点についても日本とは対照的です。後の章でその裏事情について語りますが、残念なことに日本では、新聞界が簡略化を率先する側に立ってしまいました。

歴史的仮名遣いをなくすな!!
鷗外・龍之介も猛反対

「官主導」で強引に推し進められる国語改革。その動きに立ち向かった人々には多くの文学者もいます。森鷗外、与謝野鉄幹・晶子、佐藤春夫、そして芥川龍之介……。ここではその中から、鷗外と龍之介の反論を紹介しましょう。

明治四一年、文部省は「臨時假名遣調査委員會」を設置。その目的は小学校の教科書における仮名遣いの改定について識者や専門家への諮問、つまり意見を聞くことにありました。そして賛否両論の嵐の吹き荒れる中で、森鷗外は演台に立ちます。

「私は御覧の通り委員の中で一人軍服を着して居ります」

軍医でもある鷗外の演説は、この言葉で始まります。そして彼の反対論は極めて論理的かつ、感情的になりがちな論戦を諭すかのように知性的だったと伝えられています。その趣旨は以下の通りです。

●森鷗外の反対論の趣旨

① 仮名遣いの改定は国語表記の伝統的秩序を乱す
② 便宜主義の考え方は好ましくない
③ 諸外国の綴り字改正は成功した例がない
④ 発音通りに書くことは外国にも例がなく、表現を乱雑にし混乱を招く

⑤ 発音通り書くことは実際上不可能である
⑥ 音声は流動的、文字は固定的であるから、両者の隔たりを避けることは不可能である
⑦ 文字や言語は自然の推移に待つべきもの。政府の力や法令で改廃すべきでない

しかも「(子供たちのために) 教科書は正則の仮名遣ひで書いてやりたい。書かせる段になると発音的に書くこともあるだらうが、それを誤りとしないで認めてやる。これを本当の許容と言ふ」とまで述べています。つまり、「子供にとって、今使っている仮名遣いは少々難しいが、そのうちちゃんと覚えるだろうから、多少のミスは認めてやろう」というわけです。鷗外ほどの文豪ならば、一字一句の間違いも許さないのでは? と思いがちですが、文部省官僚の石頭とは対照的に意外なほど寛容でした。なお、この演説は筑摩書房の『森鷗外全集14』(ちくま文庫版) に「仮名遣意見」として収められています。

結局、森鷗外らの大反対を受け、すでにお話しした「棒引き字音仮名遣い」が撤廃となりました。この後、大正二年には国語調査委員会 (明治三五年、上田萬年が主事

を務め発足）が廃止になります。そして大正一〇年には「臨時国語調査会」が発足、鷗外は同会の会長を引き受けます。しかしその一年後、彼は世を去ります。鷗外は最期を迎えるにあたって、こんな言葉を残しています。

「自分は日本文化の将来については、いささかも心配していない。ただ仮名遣ひを変へようとする運動があることだけが気掛かりでならない」

森鷗外は死ぬまで、「仮名遣いが変わることは日本の文化の破壊につながる」と懸念していたのでした。

鷗外の死後、次期会長の椅子に座ったのは上田萬年です。当然、表音派の巻き返しが始まり、さっそく大正一二年には一九〇〇字余に文字数を制限した「常用漢字表」が、また大正一三年には「假名遣改定案」が、文部省から発表されます。假名遣改定案は「長音は『あいう』を付けて書く」「『くわ・ぐわ・ぢ・づ』の区別を全廃し、『か・が・じ・ず』に統一する」などといったものでした。

それに対して怒りを爆発させたのが芥川龍之介、与謝野鉄幹・晶子、佐藤春夫たちでした。特に龍之介の反論は森鷗外とは対照的、いや彼らしいというべきか、嚙みつくような反論でした。

●芥川龍之介の反論（原文からの抜粋）

「諸公（表音派）の楽天主義もいささか過ぎたりと言はざるべからず」
「便宜なりと考ふるは最も危険な思想なり」
「国民の精神的生命に白刃の一撃を加へむとしたるの罪は人天の赦さざる所なるべし」
「改定案は単に我が日本語の堕落を顧みざるのみならず、又、実に天下をして理性の尊厳を失はしむるものなり」

以上は大正一四年、社会主義的な評論を多く掲げた総合雑誌『改造』に掲載された原文の抜粋です。しかも文中で、「国語調査会の委員諸公は悉《ことごと》く聡明練達の士なり」と何度も繰り返しています。国語調査会の委員を褒めているわけではありません。「(仮名遣いを変えようとする）国語調査会の皆さんは何と頭が良い人たちなのだろう」という龍之介一流の皮肉を、これでもか、これでもかと込めているのです。龍之介の、あのいかにも頑固そうな顔が目に浮かぶような気がしませんか？

結局、文部省はこの假名遣改定案の結論を先送りせざるを得ませんでした。龍之介、鉄幹・晶子ら表意派が、いわば「官」に「勝利」したわけです。

ところで文部省の国語改革に反論した森鷗外や芥川龍之介ですが、「国語をもっと分かりやすく」しようとした点では、国語調査会を評価しています。ただやり方があまりにも短絡的、便宜的で「民」を無視していたので、彼らは反対したのです。

第4章

近代国家に漢字はいらない？

敗戦、復興……
そして漢字狩りが始まった

昭和二〇年八月一五日、日本は全面降伏をもって終戦を迎えます。太平洋戦争での敗戦は国民にとっても、また日本語にとっても大きな転換期をもたらします。新聞は社会情勢を映し出す鏡とも言えますが、終戦から三カ月後の一一月、読売報知新聞に「漢字を廃止せよ」なる社説が掲載されました。

●読売報知新聞の社説

漢字を廃止するとき、われわれの脳中に存する封建意識の掃蕩が促進され、あのてきぱきしたアメリカ式能率にはじめて追随しうるのである。文化国家の建設も民主政治の確立も漢字の廃止と簡単な音標文字（ローマ字）の採用に基く国民知的水準の昂揚によって促進されねばならぬ。

敗戦によって日本人は、戦争の無情と無益、無気力感を嫌と言うほど思い知らされました。初めて知る米国人の生活レベルの高さが衝撃的だったのは事実です。

しかし読売報知新聞の社説は、「封建意識」や米国と比べての「能率の低さ」は漢字が原因としていますが、いかがなものでしょう？　これもまた漢字にとって濡れ衣です。実は読売報知新聞に限らず新聞社の本音は、作業の軽減と人件費節減にあったのです。

当時、新聞は活版印刷でした。文字を一つ一つ版面に埋め込んで行く作業は、膨大な労働力を要します。ましてや仮名やアルファベットと比べ漢字は数が多く、新聞社はそのために大勢の夜勤労働者を抱えていました。新聞社にとって漢字全廃は、経費削減につながる「美味しい話」というわけです。実際、戦前から新聞社は漢字全廃の動きに対し、常に表音派や文部省などに近い立場を取ってきました。

昭和二一年一月に、朝日新聞もまた、日本でもローマ字を普及すべしといった内容の「少国民へローマ字を」と題した記事を掲載しています。これはGHQ（連合国軍最高司令官総司令部)の一機関、CIE(民間情報教育局)の関係者の発言を受けての記事です。その発言とは、「ローマ字による教化を提言する。事務的方面から見ても、漢字と仮名でできているタイプライターくらい非能率的なものはない。日本国民の知的レベルを引上げるためにはローマ字の大衆化が必要である」といった趣旨のものでした。

ところで敗戦直後、日本の町並みはどんな様子だったのでしょう？　日本に進駐したGHQは道路標識や駅名、公共施設の看板などをローマ字、英語で表記するように指令しました。漢字が消え、アルファベットや片仮名が町に溢れて行く……。戦時中の国粋主義、復古主義の長く暗いトンネルを抜け出した国民が、西洋的なものに憧れるのも無理はありません。実際、氏名を「タナカアキラ」などと片仮名で書くようになった人も多くいたそうです。また両親を「パパ、ママ」と呼ぶ子供も出てきました。「敗戦によってすべてが変わって行く。その一つに国語があってもそれは必然だ……」。これが社会の風潮であり、読売報知新聞や朝日新聞の記事もそれほど違和感なく受け入れられたことでしょう。

事実上、日本を支配するGHQ、そして日本のピラミッドの頂点には官庁が、明治時代から仮名遣い改定、漢字全廃に傾いてきた文部省がいます。
いよいよ、本格的な「漢字狩り」が始まりました。

これはGHQの陰謀か⁉ 国語改造計画がスタート

敗戦後の日本で国語改造を指揮したのはCIEです。このCIEにおいて、最も活発に活動していたのがロバート・キング・ホールという人物でした。実は朝日新聞の「少国民にローマ字を」の記事に関わる発言をしたのもホール少佐で、彼は確固たる意志を胸に秘め、日本に乗り込んで来ていたのです。

「世界を知らず我が国へ弓を引いた日本人は未開民族だ。今こそ日本を合理的な国に変え、国際社会で生きて行ける国家にしてやる必要がある。それにはあの『漢字』という、複雑で膨大な数を持つ象形文字が邪魔だ」

占領した側の優越感とも、未開なる国民への親切心とも取れますが、温度差はあれ、これはホール少佐のみならずＣＩＥやＧＨＱ全体の基本的な考え方でした。米国はしばしば「世界の警察」と揶揄《やゆ》されますが、当時、ホール少佐は「世界の校長先生」のつもりだったのでしょう。

戦前、弱体化していたローマ字推進派も動き始めます。昭和二一年にはその中心的な団体、日本式ローマ字を主張する「日本ローマ字会」の主要メンバーが「ローマ字運動本部」を設立。同年、片仮名を使っての左横書きを主張する「カナモジカイ」とともに漢字全廃に関する共同声明を発表しています。これについて、朝日新聞は「日本ローマ字会とカナモジカイでは協力して日本式ローマ字および横書き片仮名を普及し、漢字全廃に進むことに話合いがつき……」云々の報道をしています。また両代表がＧＨＱを訪れ協力を進言。おそらくそこには、「漢字全廃後に主流になる」といった意図があったのでしょう。ちなみに日本ローマ字会会長、物理学者の田中館愛橘《たなかだてあいきつ》は、ホール少佐と親しかったそうです。

昭和二一年、ホール少佐は、「漢字が日本人にとっていかに害があるのか」を証明するために、巧妙な演出をします。その年の三月に二七名からなる米国教育使節団が来日しました。団員は米国の著名な教育者、教育学者で、目的は日本の教育制度の研究とGHQ、文部省への助言です。

ホール少佐は小学校の児童を総会の場所に集め、「習字」の様子を米国教育使節団の団員に見せました。墨を磨《す》ることから始まって、しかもその書く速度たるや実にのんびりしている……。この様子を見た一行が、日本語の学習を「何と非能率的な！」と思ったことは容易に想像が付きます。そのとき、ホール少佐が児童に書かせた文字がこれです。

春眠不覚暁

春眠暁を覚えず……。孟浩然《もうこうねん》の有名な漢詩の冒頭の一節です。ホール少佐がこの言葉の意味を説明すると、一行から笑い声がわき上がったそうです。

この僅か一カ月後、米国教育使節団は報告書をまとめ上げ発表します。

●米国教育使節団の報告書概要

「我々は深い義務感から、日本の書き言葉の根本的改革を勧める」
「書かれた形の日本語は、学習上の恐るべき障害である」
「いずれ漢字は一般的書き言葉としては全廃され、音標文字システムが採用されるべきであると信ずる」

ホール少佐の演出はまんまと成功。ローマ字採用勧告への布石となりました。

また、この報告書の序論には、「有害分子の周到なる粛清」という文章もあります。GHQの指示を受けた政府は「戦争と軍国主義を支えてきた人間の追放」を目的に、「公職追放令」「教職員追放令」「労働追放令」を出しています。教職員においては適格審査が開始され、排除させられる教師もいました。また審査を受けることを潔しとせずに、自ら教育界を去った者もいました。追放者は五二〇〇名、辞職者は一一万五〇〇〇名以上に上ったとされています。

この時期、日本全国からGHQ最高司令官マッカーサー宛に、多くの直訴状が送られています。昭和二一年末の段階で一万通を超えていましたが、一五〇〇通以上が「教職追放」を求めるものでした。担任の教師の追放を訴える小学生や保護者からの直訴状……、また同僚や校長などの追放を求める教師からの直訴状……。直訴状は係官により分析され、内容によっては対象者が実際に処分されます。教育の現場でスパイ行為もどきが行われるようになり、悪意で濡れ衣を着せられ教職を奪われた人も多かったのではないでしょうか。戦後の国語改革はGHQの押しつけではなかったとする論がありますが、相当な恐怖感を与えていたのは事実でしょう。

志賀直哉の妙案？
公用語をフランス語にせよ！

国語はどうなるのか？　日本語は敗戦の混乱に呑み込まれ、GHQと国語調査会を核とする文部省による改革の道を、半ば無理やり歩かされようとしています。そんな最中、一人の文豪の口からとんでもない言葉が飛び出します。

「日本の公用語をフランス語にしてはどうか」

こんなことを言い出したのは、『暗夜行路』で知られる「白樺派」の小説家、志賀直哉です。

昭和二一年四月、志賀直哉は『改造』に「国語問題」を発表。「今ほど厳しい時代を日本はかつて経験したことはない」の言葉から始まり、「日本の国語ほど、不完全で不便なものはない」、また「これを解決せねば、将来の日本が本当の文化国になれる希望はない」と続けています。そして「公用語はフランス語にせよ！」の論を展開します。

●志賀直哉「国語問題」の趣旨

この際、日本は思い切って世界中で一番良い語、一番美しい言語を採って、そのまま国語に採用してはどうかと考えている。それにはフランス語が最もいいのではないかと思う。六〇年前に森有礼《もりありのり》が考えたことを、今こそ実現してはどんなものであろう。不徹底な改革よりもこれは間違いのないことである。森有礼の時代には実現は困難であったろうが、今ならば、実現できないことではない……。

ここに出てくる森有礼とは明治時代の政治家で、初代文部大臣を務めた人物です。森有礼はかな派、ローマ字派、漢字擁護派が論戦を展開していた明治時代中期に、「日本の公用語を英語に！」と主張していた、いわゆる「新国字派」の一人でした。およそ非現実的として消えた新国字論。それを半世紀以上経ってから志賀直哉が言い始めたので、困り果てたのは周囲の人々です。

「志賀直哉は本気で言っているのか？」

これには「本気で考えていた」、「いや、あれは国語改革への皮肉を込めた、彼一流の冗談だ」の二つの説があります。志賀直哉の頭の中には、「日本の公用語が英語だったら、先の大戦も起きなかったのではないか？」との考えもあったようでした。しかしいずれにしても、志賀直哉ほどの大作家が真面目な顔をして主張するわけですから、正面切って批判するのも、また冗談だと決めつけて笑うこともできません。「国語問題」については後日談があります。この騒動から一〇年ほど経って、ある雑誌の座談会で志賀直哉はこんなことを言っています。

「今の日本語の欠点は実にひどい。二〇〇年後、三〇〇年後のことを考えると、自分の言った通りにしておいた方がずっと良かった。今となってはもう駄目だが、あのどさくさの最中になぜ決断しなかったか、文学のためばかりじゃないんだ。あれを、単なる思いつきで出した意見のように取られるのは困る……」

本心はどうだったのでしょう？「小説の神様」と呼ばれた大人物にしては、「公用語をフランス語に」は、思慮の足らぬ提言と言えるでしょう。西欧化が簡単にできると本気で考えていたのか？　本気か、それとも冗談か？　私は後者であると思いたいのですが……。

『路傍の石』の作者がルビ廃止を強硬に主張

漢字を読みやすく、覚えやすくする振り仮名＝ルビ。余談ですが、ルビは和文の五号活字の振り仮名として用いた七号活字が、欧文活字のルビー（約五・五ポイントで、英国での古称。宝石のルビーからきている）とほぼ同じ大きさだったところから、このように呼ばれるようになりました。ルビは日本語における優れたシステムの一つですが、戦前から戦後にかけてルビ廃止を強く訴えた文学者がいました。『路傍の石』の山本有三です。

明治時代以降、大正一〇年ぐらいまで、ほとんどの新聞がすべての漢字に振り仮名をつけた、いわゆる総ルビでした。これにより女性や子供を含む多くの国民が、新聞に親しむことができました。ところが昭和一三年、山本有三が『戰爭と二人の婦人』の「あとがき」で振り仮名廃止論を提唱すると、新聞や雑誌でルビ廃止への賛否両論が展開されるようになります。

山本有三は「文明国でありながら、その国の文字を使って書いた文章が、そのまま国民の大多数が読めない」ことを指摘し、「一度書いた文章の横に、もう一つ別の文字を並べることが、国語として名誉なことなのか？」と主張しています。山本はルビについて常々、こう語っていました。

漢字の横に付いている、醜い虫。

ルビ廃止論は、「植字工の負担軽減」を大義名分に、作業の効率化をもくろむ新聞社も後押ししました。また「活字のルビ廃止は目のために良い」といった論を展開する医学博士も登場。一方、日本語の音韻史の研究で知られる言語学者の橋本進吉は『ふりがな論覚書』で、振り仮名の効用と弊害を検証。「誤読の心配がないもの、一般的になくても読めるような漢字にルビは不要」としながらも、「弊害よりも効用多し。ルビ廃止は漢字の使用制限につながりかねない」とまとめています。しかし、昭和一〇年代には新聞、雑誌からルビ付漢字が大幅に減って行きます。

山本有三は国語調査会の流れをくむ国語審議会の委員であり、当用漢字の制定にも深く関わっています。当用漢字の「使用上の注意事項」には「ふりがなは、原則として使わない」とあります。事実上、政府は「ふりがな禁止令」を発令し、子供向けの雑誌からも振り仮名は消えてしまいました。誌面には平仮名が溢れ、国語力の低下につながってしまったのです。

GHQが子供たちを実験に使った⁉
日本語がどんどん変わってゆく…

日本語がどんどん変わってゆく……。戦前までの大きな変革は「民」の力により阻止されてきましたが、GHQの圧力、戦前から表音派が多数を占める国語審議会の存在、そして敗戦の混乱で、その図式は大きく変わりました。「官」の力は強大になり庶民は生きて行くだけで精一杯。また自信を喪失した国民の多くは西洋文化に憧れ、「日本語を変えるな!」の叫びも掻き消されてしまいます。

そんな中、文部省はある実験を行っています。それは昭和二三年から二六年に亘る三学年度、小学校の授業をすべてローマ字でやるというものです。実際にはローマ字の教科書が間に合わず、国語、算数など一部の教科での実験となりました。各年度、実験校が選ばれ一〇〇学級ほどで実施されましたが、これでは子供たちはモルモットです。今では信じられないような話ですが、それほどGHQの圧力は凄かったのでしょう。

私もこの時期、小学校に通う子供の一人でした。「何でこんなにやるのだろう?」と思いながら、ローマ字を必死に覚えさせられた記憶が残っています。それとてローマ字を習う授業のみでしたから、実験を受けた子供たちのような大きな影響はなかったでしょう。モルモットにされてしまった子供たちの学力は、おそらく無茶苦茶になってしまったのではないでしょうか。「失われた三年間」は、余りにも大きなハンディです。

ところで志賀直哉が「公用語をフランス語に!」と主張したことはお話ししました。これとは別に、一部の文学者や学者はローマ字を好んで使っていました。たとえば土岐善麿《とききぜんまろ》。彼は歌人でありながらローマ字教育を推進しています。土岐は戦前からローマ字派として知られ、昭和二四年に再編された国語審議会では会長にも就任しています。また小学校のローマ字教育導入にも力を入れており、「国語教育として一年生からローマ字でやるべき」と主張しています。「ローマ字を」ではなく「ローマ字で」と主張している点に注目してください。歌人、土岐善麿の頭の中には、「ローマ字を国字に」の思いがあったのです。

また理学博士であり、夏目漱石との親交が深く、気象物理、水産物理など多彩な分野での研究に携わる随筆家として知られた寺田寅彦はこの時期、ローマ字の随筆を残しています。寺田はローマ字論者の田中館愛橘などの教えを受けており、その影響もあったようです。これには「寺田寅彦ほどの世界的な学者が……」と落胆した人々もいたようです。

さて、繰り返しになりますが、当時の状況をおさらいしてみましょう。

まず文部省の国語審議会は、嘱託でありながら強い影響力を持つ保科孝一の働きで、「発音に基づいて書く日本語」を主張する表音派が主流を占めています。新聞社は漢字を全廃、もしくは大幅に削減できれば印刷コスト削減につながり、しかも仮名だけのルビなしの新聞ならば読める人間も増え、売り上げを伸ばすことができると計算しています。GHQは日本のあらゆる部分で急速な社会改革を推し進めています。

もっとも、GHQ（もしくは米国）は「能率化」「国際化」、そして「民主主義」を常套句として好んで使います。何が起きてもそれはGHQ主導ではなく、「民」が望むものというわけです。間もなく、彼らの言うところの「民主主義」の名の下に、新たな日本語が生まれます。
「現代かなづかい」、そして「当用漢字」です。

第5章

何か変？　ゆがんだ国語が続々誕生！

吉田茂も関係していた⁉
現代かなづかい&当用漢字表が登場

敗戦、それに伴う米国GHQの介入……。さらには、戦前からの漢字廃止論者の主張により、日本語や漢字に対する風当たりは一層激しさを増して行きます。そして、いよいよ戦後国語政策の代表格である「現代かなづかい」と「当用漢字表」が登場するわけです。

これらが内閣告示・訓令として発表されたのは、昭和二一年一一月一六日のこと。サンフランシスコ講和条約に調印した、時の総理大臣であり、親米政策の中心人物とも言える吉田茂により日本全国に公布されました。一連の政策に深く関与していたのは、国語審議会の人々です。終戦から僅か一年三カ月。半ばどさくさ紛れとはいえ、国語審議会の大勢《たいせい》を占める彼ら表音派の主張は、ついに結実しました。

ここで、「現代かなづかい」と当用漢字表の公布にあたり、各官庁に出された吉田茂の声明をご覧ください。

●吉田茂の声明（「現代かなづかい」公布にあたり）

国語を書きあらわす上に、従来のかなづかいは、はなはだ複雑であって、使用上の困難が大きい。これを現代語音に基づいて整理することは、教育上の負担を軽くするばかりでなく、国民の生活能率をあげ、文化水準を高める上に、資するところが大きい。

●吉田茂の声明（「当用漢字表」公布にあたり）

従来、わが国において用いられる漢字は、その数がはなはだ多く、その用いかたも複雑であるために、教育上また社会生活上、多くの不便があった。これを制限することは、国民の生活能率をあげ、文化水準を高める上に、資するところが少くない。

「現代かなづかい」、当用漢字の導入の理由を、「教育上の負担を軽くする」「国民の生活能率をあげ、文化水準を高める」と説明しています。いかにも道理にかなった政策であるかのように述べていますが、その評価は賛否両論でした。何はともあれ、政府のお墨付きを貰った形となった「現代かなづかい」と当用漢字表は、急速に日本国民の間に定着して行きます。

ところがプロローグでも触れたように、「現代かなづかい」のルールは矛盾に満ちています。「血」と「地」はいずれも「ち」と読む漢字なのに、「鼻血」の場合は「はなぢ」と書き、「地面」の場合は「じめん」と書く。「差詰め」と「大詰め」も、同じ「詰《っ》め」を使っているにもかかわらず、「さしずめ」と「おおづめ」に分かれてしまう……。こうした矛盾も、歴史的仮名遣いにはありませんでした。言葉の意味に基づき仮名で表記していたので、「地面」「差し詰め」はあくまでも「ぢめん」「さしづめ」と表記していたのです。

「現代かなづかい」が抱える矛盾については、第7章でも詳しく解説したいと思います。ちなみに、この「現代かなづかい」の採用を国語審議会に働きかけたグループには、国語学者の安藤正次を始め、『路傍の石』の著者である山本有三、言語学者で石川啄木とは中学時代の親友でもあった金田一京助など、多くの著名人が名をつらねていました。

当用漢字表は漢字全廃を前提に作られていた⁉

「現代かなづかい」とともに、内閣から公布されたのが当用漢字表です。この表に掲載された漢字は、全部で一八五〇文字。時の政府は、「今後は、ここに書かれた漢字のみを使うように！」と定めたわけです。これは逆に考えれば、「当用漢字表以外の漢字は極力使わないように」ということになります。しかし、星の数ほどある漢字ですから、当用漢字表のおかげで使えなくなる漢字の方が多くなるのは、誰の目から見ても明らかです。

さらに注意すべき点は、「当用漢字」という名称そのものにあります。「当用」とは、

「さしあたって使用すること」という意味。つまり当用漢字には、「当面は使用するけれど、いずれはこれら一八五〇字の漢字も廃止しよう」という政府の思惑が隠れているのです。事実、国語審議会で絶大な影響力を持っており、漢字擁護派と論争を交えていた「カナモジカイ」の理事長、松坂忠則はこのように述べています。

「当用漢字の『当用』の名を嬉しく思う。今後いかにして字を減らすか、常置委員会を設けてあえて婦人のためならず、一般大衆のためにも字数を減らすようにしてもらいたい」

何とも勝ち誇ったような言い方ですが、それもそのはずです。何しろ戦前までは、文部省や表音派が「漢字を廃止しろ！」と声高に訴えても、森鷗外や芥川龍之介、山田孝雄といった漢字擁護派の強い反対に遭い、決定的な改革は行われてこなかったのですから。松坂に限らず、漢字廃止論者たちにとって、「現代かなづかい」と当用漢字表の公布は、まさに溜飲が下がる出来事だったのではないでしょうか。それは、当用漢字について「どうせ仮のものである。はっきり言えば、漢字も常用文字としては三文の値打ちもない」という松坂の発言からもうかがえます。

それではここで、当用漢字表の公布にあたり発表された「使用上の注意事項」をお見せしましょう。

●当用漢字表の使用上の注意事項（一部抜粋）

イ　この表の漢字で書きあらわせないことばは、別のことばにかえるか、または、かな書きにする。
ロ　代名詞・副詞・接続詞・感動詞・助動詞・助詞は、なるべくかな書きにする。
ハ　外国（中華民国を除く）の地名・人名は、かな書きにする。ただし、「米国」「英米」等の用例は、従来の慣習に従ってもさしつかえない。
ニ　外来語は、かな書きにする。
ホ　動植物の名称は、かな書きにする。
ヘ　あて字は、かな書きにする。
ト　ふりがなは、原則として使わない。

「かな書きにする」の多さに驚かされます。これを見ても、当用漢字表が漢字全廃を前提にして作られていたことがよく分かるのではないでしょうか。

さて、当用漢字や「現代かなづかい」を広く世に知らせるためには、政府の声明だけでは功を奏しません。そこで活躍したのが、新聞社を始めとする報道機関です。文部省の嘱託であった保科孝一らの働きかけにより、当用漢字と「現代かなづかい」は新聞を通じて瞬く間に全国に浸透して行きました。当時の文部省すなわち官と、新聞社との間には、今とは比べものにならないほどの緊密な関係があったのです。また当用漢字は、小・中学校の教育現場にも伝播《でんぱ》して行きます。当用漢字は昭和五六年に「常用漢字」の登場で廃止になりますが、もし皆さんが、当用漢字が存在した三五年の間に義務教育を受けていたとしたら、いずれは消え去る漢字をそうとは知らずに「さしあたり」習わされていたことになります。いずれにせよ、当用漢字と「現代かなづかい」の登場は、日本語や漢字にとって最大の試練になったと言えるでしょう。

ただし、こうした一連の国語政策に誰もが目をつぶっていたわけではありません。当然異を唱える人は何人もいましたし、中にはこんなユーモアのある歌で当用漢字を批判する人もいたのです。

●当用漢字ナイナイづくしの歌（一部抜粋）

犬があって猫がない　馬があって鹿がない　君があって僕がない　好きがあって嫌いがない　頭があって頸がなく、皮膚はあっても肌がなく、目があっても瞳はない　鼻があっても頬がない　舌があっても唇がない　服があっても靴がない　雨が降っても傘がない　金はあっても財布がない　筆があり紙があり墨があるこりゃ有難いと思ったら硯《すずり》がない……

これは文部省、国語審議会に対して、国語政策の方向修正を要求する「國語問題協議會」のメンバーでもあった言語学者、竹内輝芳が作った歌です。実に面白おかしく、そして痛烈に当用漢字の欠陥を突いているとは思いませんか？　「犬」と「猫」、「目」と「瞳」、「雨」と「傘」……。本来ならばセットで覚えるのが当然と思われる漢字が、一部の官僚と、それに近しき人たちの手によって引き離されてしまったのです。

これらの漢字を当用漢字表から除外した理由について、国語審議会は「字形が複雑だから」「使用頻度が低いから」などと説明しています。しかし「使用頻度が低い」とは、何を基準にしているのでしょうか？　たとえば「挨拶」という言葉ですが、「挨」も「拶」も当用漢字表からは除外されていました。しかしこれは、一般的に使用頻度の高い言葉と考えられます。子供たちにとって勉強と同じくらい大切なものとして、真っ先に教えなければいけない言葉であるとも思うのですが……。

佐藤栄作もびっくり！「何、俺の名字もない⁉」

当用漢字表の問題点については、「ナイナイづくしの歌」が如実に物語っているかと思います。ここではもう一つ、当用漢字に関する興味深いエピソードを紹介しましょう。

吉田茂の下で政務に就き、後に自らも総理大臣になった佐藤栄作に、当時の経済顧問である小汀利得《おばまとしえ》が言ったそうです。「『佐藤』の『藤』の字も、当用漢字表にはないんですよ」。それを聞いた佐藤総理はびっくりし、昭和四一年の初閣議の席上で、次のようなことを述べました。

「国語審議会は、当用漢字表の中から、日本国憲法の用字でも日常使われない字は削るというが、これは大変な問題で、大げさに言うならば憲法違反ではないか」

　これに続いたのが、藤山愛一郎経済企画庁長官です。

「当用漢字表に佐藤や藤山の『藤』という字がない。そればかりか、岡山県の『岡』も、奈良県や神奈川県の『奈』もないそうではないか！」

　そうなのです。「岡」や「奈」のほかにも、山梨県の「梨」、熊本県の「熊」、大阪府の「阪」などがことごとく外されていたのです。岐阜県に至っては、「岐」も「阜」も入っていませんでした（実際は地名や氏名などの固有名詞は、当用漢字でなくとも使うことが許容されてはいましたが……）。

　佐藤、藤山両氏の発言はテレビやラジオ、新聞などで大きく報道され、各方面に衝撃をもたらしました。その後、自民党内部に文教調査会の一組織「国語問題小委員会」が設けられ、国語施策に携わった人間たちにこれまでの経過報告をさせました。ところが、余りにもおざなりな答弁に、「君たちはそんな浅はかな考えで国語政策に当たっているのか。しかも国語政策のことは自分たちに任せておけという、思い上がった態度は何だ。国語はお前たちだけのものではないぞ！」という怒声も飛んだと伝えられています。

それにしても皮肉なものです。当用漢字の普及に大きく貢献したマスメディアが、今度は当用漢字の問題を国民に知らしめることになったのですから。

「時計」を「と計」と書く…
ここまでやるか!? 当用漢字音訓表

当用漢字が公布され、公式文書やメディアなどで使用すべき漢字の範囲が定められてから一年余り。昭和二三年二月一六日には、「当用漢字別表」と「当用漢字音訓表」なるものが内閣告示されました。当用漢字別表とは、俗に言う「教育漢字」です。義務教育期間中に学習すべきとして、当用漢字表の中から選ばれた八八一字の漢字を指しています。政府は子供たちが覚える漢字の数にまで、その範囲を定めようとしたのです。

一方、当用漢字音訓表は当用漢字の「読み方」を制限したもので、学校教育を含む一般社会全体を対象にしています。漢字は数が多いだけではなく、その読み方も実に多彩。ですから、音訓ともに読み方を整理すれば分かりやすくなるというわけです。当用漢字別表と当用漢字音訓表を考え出したのも、国語審議会でした。彼らは自らの政策趣旨を「漢字学習（使用）の負担を軽くするため」と述べていますが、むしろ逆に、日常での漢字の使用に大きな混乱を招き入れた一面もあります。当用漢字音訓表によって引き起こされた「交ぜ書き」は、その最たる例と言えるでしょう。

それでは突然ですが、皆さんに質問です。次の二つの言葉は、それぞれ何と読みますか？

●この言葉を読んでください

魚屋

魚釣り

答えは、「さかなや」「さかなつり」です。「何だ、当たり前じゃないか」と言われてしまうかもしれませんが、実は当用漢字音訓表のルールに従うと、この答えは「×」なのです。同表では、「魚」という漢字の音読みは「ギョ」、訓読みは「うお」と定め、それ以外の読み方は認められませんでした。驚くべきことに、当時の社会では「魚」を「さかな」と読ませてもらえなかったのです。したがって、「魚屋」は「うおや」と読み、「魚釣り」は「うおつり」と読まなくてはいけません。どうしても、「さかなや」「さかなつり」と読ませたければ、「さかな屋」「さかな釣り」と書くしかなかったのです。これがいわゆる「交ぜ書き」という表記法で、何となくバランスの悪い書き方になってしまいます。ほかにどんな交ぜ書きがあるのか、ほんの一部ではありますが見てみましょう。

●醜い交ぜ書き

世界じゅう、一日じゅう……「中」は音読みを「チュウ」、訓読みを「なか」に限定
一わ、三ば、六ぱ……………「羽」は音読みを「ウ」、訓読みを「はね」に限定
と計…………………………「時」は音読みを「ジ」、訓読みを「とき」に限定
小に科………………………「児」は音読みを「ジ」に限定

かど松……………「門」は音読みを「モン」に限定

これらの交ぜ書きを見て、違和感を抱く人も多いのではないでしょうか。見た目の問題だけではありません。交ぜ書き語の前後に仮名で書かれた言葉や助詞がくると、文の切れ目が判然とせず、甚だ読みづらいものとなってしまいます。もちろん、当用漢字表から外された漢字はすべて仮名書きです。結果、「灰ざら（皿）」「洗たく（濯）」「便せん（箋）」「完ぺき（璧）」「長ぐつ（靴）」といった、無数の交ぜ書きが生まれてしまいました。

問題点はほかにもあります。たとえば「中」という漢字には、「なか」以外に「あたる」という訓読みがありました。ところが、当用漢字音訓表ではそれを外してしまったために、「中毒（＝毒にあたる）」「的中（＝的にあたる）」といった言葉の意味がよく分からなくなってしまいました。「援」も「たすける」という訓読みが失われたため、「応援（＝助け救う）」「声援（＝声で励ます）」などの意味が分かりにくくなるという弊害を生んでしまったのです。

当用漢字音訓表に対する不満は日増しに高まり、昭和四八年には改定を余儀なくされます。これは一般的に「当用漢字改定音訓表」と呼ばれています。「日本語、漢字を分かりやすく」という目的から始まった施策ですが、結局は誰にとっても分かりにくくなってしまうという結果が残されてしまいました。漢字の持つ本来の意味が失せ、漢字特有の表意性も曖昧になってしまったことが、やはり一番の問題なのです。

代用漢字は所詮「本物」ではなかった⁉

当用漢字の制定により生まれてきたのが、プロローグでも少し触れた「代用漢字」です。一八五〇字に選ばれなかった漢字は、当用漢字表にある発音と意味が比較的近い漢字で「代用」してしまうというルールです。昭和三一年に公布され、「同音の漢字による書きかえ一覧」の中で示された「代用漢字語」の例をご覧ください。

●代用漢字を使った熟語
昏迷→混迷（道理に暗く、分別に迷うこと）
黄昏時《たそがれどき》、周囲が薄暗くなって道に迷う様子と相通ずることから「昏」が使われたのに、「まぜる」「まじりあって、けじめがつかないこと」という意味の「混」で代用された。
撒水→散水（水をまくこと）
目的意識をもって手で水をまくから「撒」なのであって、「散」では単に水を散らかしているような印象を与えてしまう。
萎縮→委縮（元気がなくなること、相手に気圧《けお》されて縮こまること）
植物が元気なくしおれる様子と相通ずることから「萎」が使われたのに、「ゆだねる」「まかせる」という意味の「委」で代用されてしまった。

いかがでしょうか？　ここでも漢字や言葉が持つ意味、論理性がゆがめられています。代用はあくまでも代用であり、決して本物には成りきれないのです。ところで私は以前（といっても数年前）、ある町で「鈑金塗装」と書かれた看板を見つけたことがあります。常用漢字に従うと「板金塗装」と書きますが、本来の「鈑」を使った「鈑金（＝金属を板のように薄く延ばしたもの）」の方が私はしっくりときます。看板はそれほど古くはなく、戦前のものとは思えませんでした。もしかしたら「うちは本物を作っているんだ！」という、職人のこだわりの現れでしょうか？　ちょっと面白く思いました。

なお、「萎縮」の「萎」については、平成二二年度中に告示で追加される見通しの常用漢字一九一字に含まれています。

●そのほかの主な代用漢字

暗誦→暗唱　「誦」は「節を付けて読み、そらんじる」意味。「となえる・うたう」の意味の「唱」で代用。暗誦も、もとは「諳誦」と「言偏」の字。

衣裳→衣装　「衣」は「上にまとうもの」。「裳」は「もすそ」の意味で下にまとうもの。上下合わせて「衣裳」。「装」は「よそおう」。

交叉→交差　「叉」は「ふたまた」「互いにまじわる」意味。「たがう・いりまじる」意味の「差」で代用。

骨骼→骨格

木を組合せた「格」よりも、体の骨組みを表す「骼」の方が意味が通じる。

根柢→根底

「根」は「ねもと」。「柢」も「木のねもと」の意味。どちらも「木偏」であることに意味がある。下の方を表す「底」で代用。

尖鋭→先鋭

「尖」は先端が「とがる」の意味。「まえ・さき」を表す「先」で代用したが、「とがって鋭い」を表現しきれない。

煽動→扇動

あおいで風を起こすのが「扇」。扇で火の勢いを強くする「煽」は「あおってそそのかす」の意味。

戦歿→戦没

「歹」は「骨」の意味で「歿」は人が死ぬこと。水に沈んで見えなくなる「没」で代用。

褪色→退色

衣の色が少しずつしりぞき「色あせる」のが「褪」。「しりぞく」の意味の「退」で代用。

短篇→短編

「篇」は材料を集めて作り上げた「書物」の意味。本を「あむ」の「編」で代用。

註釈→注釈　「註」は言葉や文字の間に、別の言葉を入れ「ときあかす」こと。液体などを「そそぐ」のが「注」。

沈澱→沈殿　水に沈んでよどむのが「澱」。「しんがり・おわり・した」の意味の「殿」で代用する。しかし「澱粉」の「澱」は「殿」に書き換えず残されている。

手帖→手帳　「帖」は「はりがみ」「おりほん」の意味。「帳」は「とばり・たれまく」。とばりの中を「帳場」といい、ここで金銭を扱い使われるのが「帳簿」。その「帳」で代用。

編輯→編集　「輯」は「集めてまとめる」意味。近い意味の「集」で代用。

掠奪→略奪　「掠」には「うばいとる・かすめとる」の意味がある。「略」では「おさめること・はかりごと・はぶくこと」などの意味が強い。

※代用後、辞典などに意味を追加されたと考えられる語も多くあるため、それぞれの語の持つ意味は本来の意味に準じて記載した。

子供たちを漢字嫌いにした⁉
当用漢字字体表

漢字嫌いの子供を生んだ要因の一つに、「当用漢字字体表」があります。昭和二四年に制定されたこの表は、「漢字の読み書きを平易にし、正確にすることを目安として字体を選定整理」したものです。要は、漢字教育の負担を軽減するために作られた施策だったわけですが、これも思わぬ弊害が生じてしまいます。結果的に漢字嫌いの子供を増やしてしまったのです。

皆さんの中には、小学生や中学生の頃に、漢字の書き取りテストで「木」の二画目を撥ねて「×」を貰ったことはありませんか？　あるいは、「言」の一画目を少し下に向けて書いただけで「×」にされた経験はないですか？　私も学校で「女」という字を書いたときに、二画目が横棒の上にちょっと出たために「×」にされた苦い思い出があります。

字体表という、いわば「漢字のお手本」ができてしまったために、そこに書かれた漢字と少しでも違っている字は「×」にされてしまうという現象が起こるようになったのです。そもそも文部省の見解では、漢字の識別に大きな影響がない限り、点や画の長短、「止め」「撥ね」などの細部については拘束しないとのことでした。文部省編『総合当用漢字』では、「事」の六画目の長い横棒、「雪」の一〇画目の横棒が右に出ようと出まいと差し支えないと、実例を挙げて留意を呼びかけています。ところが、現場の教師たちはひたすら原則に従おうとするので、この当用漢字字体表を唯一絶対のものと思い込んでしまったのです。ですから、当然漢字の採点は厳密になり、多くの子供たちにとって漢字の書き取りは苦痛以外の何物でもなくなってしまいました。

また書き順についても同様です。先人の智恵と経験によって生まれた筆順は、尊重されねばなりませんし、筆順に従えば書きやすく字形も整います。しかし字体表と同様に、示されたものが正しく、ほかは誤りと思い込んだところに問題があったのです。事実、文部省の「筆順指導の手びき」（昭和三三年）にも、「ここに取り上げなかった筆順についても、これを誤りとするものではなく、また否定しようとするものでもない」と明記してあったのです。
結局は日本人の几帳面さが、漢字嫌いを作ったと言えそうです。

整形手術に失敗⁉
醜くなった省略漢字

「漢字の読み書きを平易にし、正確にすること」を目的に作られた当用漢字字体表。同音同義であるが、字体が異なる異体字の統合や、俗字・略字の大幅採用、点や画の整理などを行い、およそ六〇〇の新しい字体が生まれました。これは当用漢字(一八五〇字)の約三分の一に相当し、もとの漢字――すなわち「原字」は使えなくなって行きます。

「圖→図」「寫→写」「廳→庁」など、画数の多い漢字の簡略化について言えば、「書く」ことの負担は確かに軽くなりました。しかしそれ以上に、無茶苦茶なやり方で字形を変えてしまい、漢字本来の意味や成り立ち、表意性がぼやけてしまった漢字も多く生まれることとなりました。

こうしたいわゆる「新字体」について、漢文研究の第一人者で平成一六年に文化勲章を受章した白川静氏は「字の成り立ちを無視して無理やり整形手術をされてしまった文字である」と嘆いています。それでは整形手術をされた漢字を、ここで見て行きましょう。

まずは、「雪」という漢字をご覧ください。「雪」はもともと「雪」と書き、下の「ヨ」の部分は手のひらと腕を横にした様子を表していました。雨は水ですから、手の上から零《こぼ》れ落ちてしまいます。しかし、雪はどうでしょう？　手のひらにふわりと乗せることができます。そこから、「雪」という漢字が生まれたのです。当用漢字字体表では、「ヨ」の右に突き出た部分、すなわち「腕」の部分を切断するという残酷なことをしてしまったわけです。

それにしても、このような僅かな出っ張りを省いただけで、漢字がどれほど書きやすくなったと言えるのでしょうか。

●「雪」の整形

雪→雪

●「雪」（原字）の成り立ち

次に、「灰」という漢字を見てみましょう。これも「雪」と同じように、僅かな出っ張りが「邪魔だから（?）」という理由で省かれてしまい、本来の意味がぼやけてしまった漢字です。

「灰」は正しくは「灰」と書き、「𠂇（＝手を表す）」と「火」を組合せ、火の上に手を乗せている様子を表現しています。燃え盛る火の上に手を乗せることはできません。しかし、火が燃え尽きて、手を乗せることができるようになったものが「灰」というわけです。現在は「𠂇」が「崖」を意味する「厂」に変わり、火とどんな関連があるのか、さっぱり分からなくなっています。

●「灰」の整形

灰→灰

●「灰」（原字）の成り立ち

「突」という漢字は今では「穴」に「大」と書きますが、当用漢字字体表が制定される前は「突」と書いていました。かまどの穴に犠牲《いけにえ》の犬を供えて火の神を祀ったところから「穴」と「犬」の組み合わせで生まれたのです。ところがこれも「、」を省いて「大」にしてしまったために、漢字本来の意味が分からなくなりました。こうした「犬」に関する漢字の多くが整形の憂き目に遭う一方で、たとえば「嗅」という、こちらも「犬」に関連した漢字には点が残っています。なぜかというと、「嗅」は当用漢字の中には入っていなかったからです。言葉は悪いのですが、放っておかれたとい

うことになります。ちなみに左に挙げた中で、「器」は「神に供える犠牲の犬の肉を乗せる食器」の形を表しており、「臭」は「犬の鼻がよく臭いを嗅ぎ分ける」ところから生まれています。

●整形された「犬」に関する当用漢字

突→突　器→器　戻→戻

類→類　涙→涙

●整形を免れた「犬」に関する漢字（当用漢字ではない字）

嗅　吠　哭

画数が多いため、一部を残して省略された漢字もあります。たとえば、「藝」です。今では漢字の真ん中を省いて「芸」と書きますが、実は「芸」はすでにあった字で、「ゲイ」と読まず「ウン」と読んでいました。「芸」は「渦を巻いて天に昇る〈くも〉」を意味する「云」に関する文字であり、「雲」の字も「ウン」と読まれることから分かるように、形を似せておいて、「芸」を「ゲイ」と読ませるのは無理があります。

●一部分を残して省略された漢字

藝→芸　應→応　縣→県　蟲→虫
疊→畳　團→団　獨→独　豫→予
醫→医　價→価　號→号　聲→声
絲→糸　參→参　觸→触

当用漢字字体表は、本来兄弟のように結ばれていた漢字と漢字の関係をも断ち切ってしまいました。その最も分かりやすい例が、「買」と「売」です。売は、字体表登場以前は、「賣」と表記していました。というのも、昔は貝の一種が貨幣の代わりでしたから、「買《か》う」にも「賣《う》る」にも同じ「貝」の字が使われていたのです。それが今では、「買」のみに「貝」を残し、「売」からは「貝」を取ってしまいました。これでは両者の関連性がなくなってしまい、さぞや当時の人々は面食らったことでしょう。

●漢字相互の結び付きが断たれた一例

買→買（昔の貨幣を表す「貝」が残っている）

賣→売（こちらは「貝」が消えてしまった）

また、「神」を表す「示偏」も同様です。「社」「福」「祈」などは偏が「ネ」に変わりましたが、「祀」「祇」「祠」はそのままです。これも両者の関係が分かりにくくなった、典型的な例です。また、元来「示」と表記した示偏が「ネ」に変形したことにより、衣偏の「ネ」と混同し、間違えやすくなったという指摘もあります。

なお、先述した「嗅」は、平成二二年度中に告示で追加される見通しの常用漢字一九一字に含まれています。ただし「、」は付いたままでの追加です。これでは「、」を省かれてしまった「突」や「臭」との関連性が断ち切られてしまいます。常用漢字を増やすことは良いことではありますが、こういった整理すべき問題があるのではないかと思います。そうでなければ、矛盾がクローズアップされるだけでしょう。

さて、ここで日本語の「横書き」についても少し触れてみましょう。

日本語の横書きは、漢字廃止論が出始めた頃から、すでに表音派の間で盛んに行われていました。それでも当時は、日本語は縦書きという考えの方が圧倒的に多かったのです。昭和二七年、文部省が公用文を、感じが良く意味が通りやすいものにするために制定した「公用文作成の要領」の中で、「書類の書き方については、なるべく広い範囲に亘って左横書きにする」としてから、徐々に横書きが増えて手書きの崩れた字が目立つようになりました。

本来、漢字や平仮名は縦書きに適しています。特に手書きをするときは、縦に中心が取りやすいからです。英語の筆記体が縦に書きにくいのと同じように、日本語は横に速く書くのには向いていないのです。しかし横に書こうと思えば書けてしまう日本語の利便性が、今日のような横書きを多くしてしまったのでしょう。新聞や多くの書籍は未だに縦書きで、私は安心して読めますが、皆さんはいかがでしょうか？　ある日突然、すべての新聞が横書きになってしまったら、そこに書かれていることに信頼を寄せられるでしょうか？

第6章

まだまだ続く、ゆがんだ国語

ゴジラ松井が「松いひで喜」？
「学年別配当漢字」は不思議だらけ

当用漢字は一般社会を対象にしたものですが、当然、教育の現場にも大きな影響を与えました。まず昭和二三年二月一六日、内閣告示により当用漢字の中から義務教育期間中に教える漢字を制定した、「当用漢字別表（教育漢字）」が公布されました。ところが漢字の数を制限したので、教科書にも影響が出てきました。

現在、どの出版社の教科書を使うかは市単位などで決められます。これを広域採択と呼びますが、戦後、間もない頃は市単位で統一するというのは余り例がありませんでした。そうなるといろいろな教科書が入ってきて、混然としてしまいます。去年までA社の教科書を使い今年はB社の教科書に変えると、ある漢字がA社の教科書では一年に、B社の教科書では三年に出てくるなど、不都合が大変に多くなります。そこで教師の「義務教育の各学年で教える漢字を統一してくれ！」との要望に応えて、学年別に教える漢字を分別した「学年別配当漢字」が決められました。ところがこれが何を根拠にして振り分けられたのか分からない内容で、矛盾だらけだったのです。

たとえば「言」という漢字を学ぶ前に、「話」「読」など言偏の漢字が先に出てきました。また「弟」「妹」は二年生の配当でありながら、「兄」は三年、「姉」は四年の配当になっており、「『兄』を学ばないうちに『弟』を学ぶのは、物事の順番からして矛盾がある」との指摘もありました。おそらく、「学校で使うのはこのあたりの漢字だろう」といった判断基準で振り分け、漢字の成り立ちや関連づけなど体系的なことを考えることなく選んだのでしょう。もっとも、文部省としては当用漢字同様に「いずれ使わなくなるのだから」と考えたので、適当にやっても不思議はないのですが……。ちなみに昭和二三年の当用漢字別表は小学校、中学校で八八一字です。現在が小学校の六年間で一〇〇六字ですから、いかに少ないかがお分かりになるかと思います。

この頃から国語審議会、そしてその中で大勢を占めてきた表音派の旗色が悪くなってきます。「日本の発展のため」にGHQと文部省を後ろ盾に漢字全廃を目指したつもりなのに、矛盾や不便なことばかりで世間では不評です。その結果、三度に亘り当用漢字別表は改訂されました。まず昭和三三年に「小学校で八八一字」に改訂。その後、昭和四三年には、当用漢字から選ばれ、六年の配当に加えられた備考漢字一一五字が追加され「小学校で九九六字」に改訂。そして平成元年に一〇字追加され「小学校で一〇〇六字」となり現在に至っています。

本来、学年別配当漢字は「この学年で配当された漢字以外を教えてはいけない」とは考えずに最低の基準としておさえ、「必要ならば違う学年の漢字を教えても構わない」と考えるべきものです。しかし教育の現場では教師たちはこれを厳格に守りました。だから子供たちが上の学年の漢字を知っていて、それを書くと咎めたりするといった、子供の意欲を抑圧する現象が起きていました。

この言われたことに対し自分なりに咀嚼《そしゃく》せず、ひたすら厳格に守るという体質を、教育の現場では未だに引きずっています。平成元年度から学年別配当漢字は改定され、「一年生の漢字であっても一年生で教えても構わない。ただしルビを振るなどして、子供の負担にならないように」といったように緩やかな枠組みが、さらに明確にされました。しかし相変わらず枠組みに捕らわれている教師が多いのが現実です。それゆえに自分の氏名を漢字で書ける子供に、わざわざ交ぜ書きで書かせるといった異常な指導をする教師が現れるのです。

ここで、小泉純一郎元総理とメジャーリーガーの松井秀喜選手の名前をお借りして、小学校五年生までの現在の学年別配当漢字に縛られて氏名を書かせるとどうなるのか？　試してみましょう。

●もし学年別配当漢字（二〇〇九年現在）に縛られた教師が指導したら

小いずみじゅん一ろう
松いひで喜

「泉」と「純」は六年生での配当漢字、「郎」「井」「秀」は小学校では勉強しません。それゆえこのようになってしまうのです。笑ってしまいそうですが、笑いごとではすみません。もし自分の子供がテストの答案用紙などにこんな氏名を書いていたら、どのような気持ちがしますか？　親として、子供の人格を否定されたような気持ちになるのではありませんか？

二年「道」、三年「路」「横」、五年「断」四年がかりで「横断道路」が完成？

義務教育では学年別配当漢字に準じて漢字を習って行きます。ここで問題となるのが、一つの熟語を何度も習い直す子供たちへの負担です。たとえば「横断道路」。現在の学年別配当漢字では二年生で「道」を、三年生で「路」と「横」を、五年生で「断」を習います。最初は平仮名で学ぶので、それを学年ごとに当てはめると以下のようになります。

●二〇〇九年現在の学年別配当漢字に準じた「横断道路」の学習

一年生　「おうだんどうろ」

二年生　「おうだん道ろ」

三年生　「横だん道路」
四年生　「横だん道路」
五年生　「横断道路」
六年生　「横断道路」

極端な例ではありますが、何と二年生から五年生という四年がかり、平仮名を含めると延べ四度、「横断道路」を習い直すのです。これも、たとえば最初から「横断道路」としてルビを振り、学年が上がるにつれてルビを外して行く方が、教える方も習う方も負担が少なく合理的です。「横断道路」一つを作るのに四年がかりとは……。文部科学省はさすがにお役所だけあるなと、感心せざるを得ません。

同じ熟語を何度も交ぜ書きで習い直すものは山ほどあります。「予防注射」は、二年生までは「よぼうちゅうしゃ」、三、四年生で「予ぼう注しゃ」と習い、五年生で「予防注しゃ」、六年生になってようやく「予防注射」と漢字で書くようになります。また「休憩所」は一、二年生では「休けいじょ」、三年生で「所」を習い「休けい所」となりますが、「憩」が中学校の配当漢字なので、小学校ではついに完成に至らずじまいです。
学年別配当漢字に縛られた交ぜ書きは、読みづらく、美的感覚から見ても醜悪であるという大きな問題があります。ちょっと次の文章を読んでみてください。瞬時にその意味を理解できるでしょうか？

●この文章の意味を瞬時に理解できますか？
（二〇〇九年現在の小学校二学年の学年別配当漢字によるもの）

へい会しきではは く手をしましょう

これを漢字熟語を交えて書けば、「閉会式では拍手をしましょう」となります。しかし小学校二年生では「会」と「手」は習っていますが、「閉」は六年生で、「式」は三年生で、「拍」は中学校で習うので、学年別配当漢字に準じると「へい会しきでははく手をしましょう」となってしまいます。先述したように、ルビを振れば学年別配当漢字に縛られずに子供たちに教えて構わないのですが、現場の教師の多くは、配当意識に縛られているようです。それゆえ子供たちの日記や答案用紙は、意味が伝わりにくく美的感覚に乏しい、交ぜ書きのオンパレードになってしまうのです。

学年別配当漢字の裏には、平仮名を先に学習させる「平仮名先習」の発想がありま す。仮名は一つ一つは意味を持たない「発音を表す文字」です。子供たちは最初に仮名を習うので、漢字も仮名と同様に発音を表す文字と理解しがちです。これによって生じる問題が「あて字」です。

たとえば、「き」という平仮名を最初に習った子供が、生まれて初めて「木」という漢字に接したとします。もしこの子が「漢字も発音を表す文字」と誤解していたら、平然と「木しゃがきた」と書いてしまいます。もちろん彼は「汽車がきた」と書きたいのです。

さて、いろいろと学年別配当漢字についてお話をしてきましたが、もう一つ、不思議な熟語が小学校には存在します。現在の学年別配当漢字に準じると、「夫」は四年生で、「婦」は五年生で習います。しかし小学校卒業まで、「夫婦」は「ふう婦」のままです。なぜでしょうか？ それは四年生では「夫」の音読みを「フ」のみしか教わらず、「フウ」は中学校で習うからです。このように、小学校で習う一〇〇六字の漢字のうち、中学校で別の音・訓読みを学ぶ漢字は、現在でも二〇〇字程度に及びます。

●中学校で一部の音・訓読みを学ぶ漢字の抜粋（二〇〇九年現在）

学年	漢字	小学校で習う音訓	中学校で習う音訓
一年生	石	セキ　いし　シャク	コク
	天	テン	あま
二年生	園	エン	その
	夏	カ　なつ	ゲ
	外	ガイ　そと　ほか　はず(す)　はず(れる)	ゲ
	強	キョウ　つよ(い)　つよ(まる)　つよ(める)	ゴウ　し(いる)
	兄	キョウ　あに	ケイ
	公	コウ	おおやけ
	姉	あね	シ

学年	漢字	小学校で習う音訓	中学校で習う音訓
三年生	化	カ　ば(ける)　ば(かす)	ケ
	幸	コウ　さいわ(い)　しあわ(せ)	さち
	商	ショウ	あきな(う)
	申	もう(す)	シン
	相	ソウ　あい	ショウ
	童	ドウ	わらべ
四年生	結	ケツ　むす(ぶ)	ゆ(う)　ゆ(わえる)
	試	シ　こころ(みる)	ため(す)
	笑	わら(う)	ショウ　え(む)

学年	漢字	小学校で習う音訓	中学校で習う音訓
四年生	器	キ	うつわ
	省	セイ　ショウ　はぶ(く)	かえり(みる)
	浅	あさ(い)	セン
	戦	セン　たたか(う)	いくさ
	夫	フ　おっと	フウ
五年生	眼	ガン	まなこ
	災	サイ	わざわ(い)
	謝	シャ	あやま(る)
	授	ジュ	さず(ける)　さず(かる)
	織	シキ　お(る)	ショク

学年	漢字	小学校で習う音訓	中学校で習う音訓
五年生	性	セイ	ショウ
六年生	遺	イ	ユイ
	革	カク	かわ
	割	わ(る)　わり　わ(れる)	カツ　さ(く)
	危	キ　あぶ(ない)	あや(うい)　あや(ぶむ)
	貴	キ	たっと(い)　とうと(い)　たっと(ぶ)　とうと(ぶ)
	胸	キョウ　むね	むな
	座	ザ	すわ(る)
	染	そ(める)　そ(まる)	セン
	探	タン　さが(す)	さぐ(る)

昨今の離婚の増加はこれが原因か？　というのは冗談として、自ら作り上げたルールで自らを縛り、矛盾を生み出しているのが学年別配当漢字です。

「弘」も「彦」も使えなかった⁉　人名用漢字問題の根っこはどこにある？

「人名用漢字」に関わる最近の話題で皆さんの記憶に残っているのは、平成一六年六月に発表された、法制審議会人名用漢字部会による、「人名用漢字の範囲見直し案」でしょう。

学識経験者などによって構成された法制審議会によれば「案の提出」ということでした。しかし「苺」「萌」「稟」など女の子に付けたくなるような漢字はともあれ、「糞」「屍」「呪」「癌」「姦」「淫」など、およそ人名に相応しくない漢字が含まれており、大騒動となりました。結局、世間の猛反発に遭い八八文字の削除が行われましたが、問題の漢字を選んだ理由について、法制審議会は「『常用平易』と認められるか否かの観点から選定を行った。（人名に相応しいか否かの）漢字の意味については一切考慮しなかった」と説明しています。こんな所にお役所の世間とずれた感覚と、「漢字の意味の軽視」が感じられます。

実は人名用漢字も、「漢字の全廃を前提に作られた」当用漢字と深い関わりがあります。昭和二一年に当用漢字表が制定され、新たに生まれてくる子供の名前にも、当用漢字以外を付けることができなくなりました。ところがこれがまた不評でした。以下の文字を名前に使えないというのです（字体は現在の常用漢字のもの）。

●昭和二一年から昭和二六年の間で人名に使えなかった漢字

「之」「弘」「浩」「彦」「亨」「哉」「尚」
「敦」「淳」「智」「晋」「稔」「聡」「郁」

今の感覚では、ちょっと信じられないような話です。この時代に生まれた人々は親に名前を付けてもらうにあたって、国家によるとんでもない制約が掛けられたのです。

だから、「敦子」や「淳子」と親が付けようとしても、泣く泣く「あつ子」と平仮名にしたという例はいくらでもありました。

「さすがにこれはまずい！」と思ったのか、昭和二六年に、当用漢字以外でも人名に使える「人名用漢字別表」で九二字を追加。それでも「足りない！」との国民の声が高まり、昭和五一年には「人名用漢字追加表」で二八字が追加となりました。しかし改訂前に平仮名やほかの字で代用して付けられた名前は、改訂後に本来使いたかった字に替えようとしても認められないという問題も残りました。

ちなみにここまでは国語審議会が関与しています。戸籍などを扱うのは法務省ですが、漢字が出てくるとどこにでも口を出すほど、国語審議会の影響力は強かったのです。なお昭和五六年に常用漢字表の告示と同時に、人名用漢字は法務省の管轄となり、その後、平成一六年九月の政令改正によって、「人名用漢字別表」の正式名称は「戸籍法施行規則別表第二　漢字の表」となりました。

現在、人名に使える漢字は常用漢字表に掲げられた一九四五字、人名用漢字別表の九八三字の合計二九二八字となります。また平成一五年一二月には、最高裁判所が「人名用漢字以外の漢字であっても、社会通念上明らかに『常用平易』なものであれば、これを用いることを認める」という、新判断を示しました。普段、余り漢字に関心がない人でも、人名漢字が話題に上ると不思議と興味津々となります。こんな所にも、日本人が潜在的に漢字と漢字の持つ意味を愛しているのが、うかがえるのではないでしょうか。

第7章

「現代かなづかい」が人々を混乱させた！

発音通りの表記で本当にいいの？　何だかおかしい「現代かなづかい」

この本の冒頭でも触れましたが、「現代かなづかい」についてもう少し具体的にお話ししたいと思います。

まず、「現代かなづかい」は昭和六一年に「現代仮名遣い」と名前を変えています。これは、前者の「現代語をかなで書き表す場合の準則」という制限的な色合いを薄め、「現代の国語を書き表すための仮名遣いのよりどころ」と改めたものです。ただし、内容はほとんど変わっていません。ここで指摘する問題点は、私たちが普段使っている「現代仮名遣い」に通ずるものなのです。

昭和二一年、従来の日本語表記法である歴史的仮名遣いに変わるものとして、「現代かなづかい」は生まれました。別名「表音式仮名遣い」と呼ばれるように、「発音通りに語を書き表す」という点が歴史的仮名遣いとの最大の違いです。たとえば、歴史的仮名遣いでは「若人」を「わかうど」と書きます。「現代かなづかい」では、それを発音通りに「わこうど」と書きます。では、すべての言葉を発音通りに仮名で表記すれば分かりやすくなるのかといえば、そうとは限りません。たとえば次の文章の場合はどうでしょう。

●次の文を発音通りの仮名で書くと……
顔を被う覆い　↓　かおおおおうおおい

発音には個人差がありますが、おおむね右のような表記になるのではないでしょうか？　少しばかり極端な例ですが、発音通りに仮名で書き表そうとすると、意味が分からない文ができあがることもあるのです。

國語問題協議會の一員でもあった英文学者の落合欽吾は、この例文について「おがおおすぎてどのおかおお（「お」が多すぎて、どの「お」か「お」を）」見分けられない文が並ぶことになると、「現代かなづかい」を皮肉っています。ちなみに、この文を歴史的仮名遣いで書くと、「かほをおほふおほひ」となり、比較的文の切れ目がはっきりとします。助詞の「を」が、ほかの言葉としっかり区別されるので、発音通りの表記よりも分かりやすいわけです。

また、歴史的仮名遣いで書かれた小説で、「月は出《い》づ（「月は出る」の意味）」という文章がある場合、「現代かなづかい」にすると「月は出ず」となり、「月は出ない」という意味になってしまいます。

こうした問題点は、「現代かなづかい」の制定に携わった国語審議会の中でも議論になりました。その結果、助詞の「は」「へ」「を」に限っては、歴史的仮名遣いを例外として残そうということになったのです。次に示すのが、「現代かなづかい」の主な内容です。

●「現代かなづかい」の主な内容

① 助詞の「は」「へ」「を」は、「わ」「え」「お」とせずに、そのまま歴史的仮名遣いで表記する。［例］私は、書店へ本を買いに行った。

② 語頭（語の一文字目）以外の「はひふへほ」は、「わいうえお」と表記する。

［例］つはもの→つわもの（兵）　ひたひ→ひたい（額）
③　二語の連合によって生じた「ジ／ヂ」「ズ／ヅ」は、「ぢ」「づ」と、歴史的仮名遣いのまま表記する。［例］はなぢ（鼻血）　みそづけ（味噌漬け）
④　同音の連呼によって生じた「ジ／ヂ」「ズ／ヅ」は、歴史的仮名遣いのまま「ぢ」「づ」と表記する。［例］ちぢむ（縮む）　つづみ（鼓）
⑤　ア段の仮名（あかさたな…）を長く伸ばし発音するときは、その段の母音の「あ」を付ける。イ段は「い」、ウ段は「う」、エ段は「え」を付ける。例外として、オ段（おこそとの…）の長音のみ「お」とせず「う」を付ける。［例］おかあさん　おにいさん　ふうふ（夫婦）　おねえさん　おとうさん
⑥　エ段の仮名の長音は、多くを「い」と表記する。［例］えーせー→えいせい（衛生）　けーえー→けいえい（経営）

初めて知るという人も多いのではないでしょうか？　ところで、日本でもサッカーが大人気ですが、国内のあるチームがヨーロッパの大物選手を獲得すると、新聞にこんな見出しが登場するかもしれません。では「現代かなづかい」の原則に従い、次の

見出しを仮名で表記してみてください。

●この新聞の見出しを、「現代かなづかい」の原則で表記すると？

欧州の大物を獲得！

いかがでしょう？　「おうしゅうのおおものをかくとく！」と書きませんでしたか？　「欧州」は「おうしゅう」なのに「大物」は「おおもの」……。

実は内容の⑤には、歴史的仮名遣いの「ほ」に該当する仮名は「お」に置き換えるという例外があります。「おほきい（大きい）」は「おおきい」、「こほり（氷）」は「こおり」と表記します。

つまり極論すると、「現代かなづかい」を正しく使いこなすためには、歴史的仮名遣いの知識がないと難しいということになるのです……。

「現代かなづかい」はまさに「ふ抜け」⁉

「発音通りに表記しよう」としつつも、助詞の「は」「へ」「を」は不都合なので従来のままにした「現代かなづかい」。しかし、歴史的仮名遣いと「現代かなづかい」はやはり多くの面で違っています。

その代表的な例が、語頭にくる「は」と助詞の「は」を除いて、「はひふへほ」の仮名がなくなってしまったことです。もう少し具体的に言うと、歴史的仮名遣いにおける動詞の終止形（文の終わりで言い切る形）が、「ふ」ではなくすべて「う」に置き換えられたのです。たとえば「言ふ」は「言う」、「笑ふ」は「笑う」、「使ふ」は「使う」という表記になりました。

これによってどんなことが起きるのかを説明する前に、余り良い思い出はないでしょうが、ちょっと皆さんに学生時代に習った国語の文法を思い出してもらいましょう。

●口語（話し言葉）文法の場合

未然形（「ない」「う」に接続）
連用形（「ます」「た」「て」に接続）
終止形（言い切る形で変化なし）
連体形（「とき」に接続）
仮定形（「ば」に接続）
命令形（命令調の言い切る形）

●文語（書き言葉）文法の場合

未然形（「ず」「む」に接続）
連用形（「たり」に接続）
終止形（言い切る形で変化なし）
連体形（「とき」に接続）
已然形《いぜん》（「ども」に接続）
命令形（命令調の言い切る形）

それでは、この活用表に従って実際に語の変化を確かめてみましょう。たとえば「走る」。これは、「走らない」「走ります」「走る」「走るとき」「走れば」「走れ」「走ろう」になり、きれいに「らりるれろ」と変化しますので「ら行五段活用」と言います。

では次に、「う」で終わる動詞の変化を見てみましょう。

「言わない」「言います」「言う」「言うとき」「言えば」「言え」「言おう」

いかがでしょうか？　「わ行」と「あ行」の二行にまたがって不規則に変化するので、「いったい、どっちの行の活用なの？」と迷う人もいるはずです。

では、歴史的仮名遣いで書いた「言ふ」の場合はどうなるでしょう？

「言はず」「言ひたり」「言ふ」「言ふとき」「言へども」「言へ」「言はむ」

すっきりと「は行」だけの四段活用になります。「笑ふ」「使ふ」も皆同じように変化します。動詞の終止形は「書く・指す・立つ・読む・見る」のように、すべて「う」段の字で終わるので、当然「ふ」で終わる動詞があってもおかしくはないのですが、国語審議会は「『言ふ』とは発音しないだろう」ということで「う」に置き換えたわけです。これについて画家で國語問題協議會の会長も務めた林武が、「現代かなづかひは『ふ抜け』のかなづかひ」と皮肉ったことがありました。また、評論家であり劇作家の福田恆存は「『思わず』も、『思はず』（の方が実際の発音）に近いのではないか。これを『思わず』と『わ』にせよと言われると、口を無理やりこじ開けられるような気分になる」と言ったといいます。

いずれにせよ、こうした例を見ると「現代かなづかいよりも歴史的仮名遣いの方が理にかなっているのでは？」と感じてしまうかもしれません。「現代かなづかい」、また私たちが現在使う現代仮名遣いにしても、歴史的仮名遣いと比較すると論理性に欠けるという一面があります。

さて、歴史的仮名遣いの「は行」が消えてしまったことについて、もう一つお話ししたいことがあります。その前に次の二つの表記を見てください。

●どちらの方が、「良い香り」を感じますか？

にほひ

におい

皆さんは、どちらを選びましたか？　私は講演で、小学生やその保護者などによくこの質問をします。するとどの講演会でも、九割近い人が「にほひ」と答えます。『にほひ』は薔薇の花や香水のような良い香り」が感じられ、『におい』はトイレの悪臭」のような感じがする……。多くの人がそのような印象を語ってくれます。私自身、不思議に思うのですが、歴史的仮名遣いの存在をまったく知らないような人々の中にも、伝統的な仮名遣いに感じ入る「遺伝子」が組込まれているのでしょうか？

「ゐ」と「ゑ」を読めますか、使えますか？五十音図を見直してみよう

皆さんは国語の文法について考えるときに、自然と「五十音図」を思い浮かべませんか？　ところで五十音図は、いつ頃にできたのでしょう。

「五十音図」という名前を考案し、現在の形に限りなく近づけたのは江戸時代の国学者、契沖と言われています。五十音図の歴史は平安時代にまでさかのぼり、当時は

「五音」と呼ばれていました。五音は「か行」と「さ行」の間に「や行」があるなど、行の配列は今とはかなり違っていたようです。

五十音図の優れている点は、単なる仮名の一覧表ではなく、発音や動詞の活用など、実に様々な情報が集約されている点にあります。芥川賞作家の石川淳も「日本語の構成についての基礎知識を整理することができる。日本人が作り上げた文字・発音の同時表示システム」と、評しています。

惜しむらくは、今日では「い」「え」と同じ発音になっている「わ行」の「ゐ」「ゑ」が、五十音図には入っていないということです。「ゐ」「ゑ」を使う歴史的仮名遣いの一例としては、ゐなか（田舎）、あぢさゐ（紫陽花）、しばゐ（芝居）、くれなゐ（紅）、～にゐる（～に居る）、植ゑる（植える）、ゑがほ（笑顔）、こゑ（声）、つゑ（杖）などがあります。この二つの歴史的仮名遣いを、子供たちが目にする機会が失われてしまうのは残念な気がします。

この「ゐ」「ゑ」が空欄、もしくは括弧に入ってしまっている「穴あき五十音図」について、平沼赳夫氏が会長を務めている「国語を考える国会議員懇談会（国語議連）」が、体系立った日本の仮名遣いを身に付けるために、これを是正するという活

	あ行（子音なし）	か行（子音k）	さ行（子音s他）	た行（子音t他）	な行（子音n）	は行（子音h他）	ま行（子音m）	や行（半母音j）	ら行（子音r）	わ行（半母音w）
あ段（母音a）	アあ	カか	サさ	タた	ナな	ハは	マま	ヤや	ラら	ワわ
い段（母音i）	イい	キき	シし	チち	ニに	ヒひ	ミみ		リり	（ヰ）（ゐ）
う段（母音u）	ウう	クく	スす	ツつ	ヌぬ	フふ	ムむ	ユゆ	ルる	
え段（母音e）	エえ	ケけ	セせ	テて	ネね	ヘへ	メめ		レれ	（ヱ）（ゑ）
お段（母音o）	オお	コこ	ソそ	トと	ノの	ホほ	モも	ヨよ	ロろ	ヲを

※「ゐ」は「wi」、「ゑ」は「we」に近く発音されていたので、歴史的仮名遣いはそれを反映させ、「ゐ」と「ゑ」を残していた。

※通常、「ん」は五十音図には含まれない。これは、「ん」という音が日本語の歴史において後からできたものだからである。

動を行っています。

また、学習指導要領の改定により、小学一年生から昔話や伝説を、三年生からは俳句や短歌の音読、暗唱など、子供たちは古典を学んでゆきます。そのときに「ゐ」「ゑ」が五十音図に入っていないようでは、学ぼうにも学びようがありません。新しい学習指導要領の趣旨を生かすためにも、歴史的仮名遣いは大切にしなければならないのです。

どうすればいいの？
「ぢ」と「じ」の使い分け

プロローグや、この章の初めでも少し触れましたが、「ぢ」と「じ」（あるいは、「づ」と「ず」）の使い分けも複雑です。「現代かなづかい」のルールの中でも、一番混乱してしまうのはこれではないでしょうか？

同じ「ち」と読む漢字なのに、「鼻血」の場合は「はなぢ」と仮名を振り、「地面」の場合は「じめん」と仮名を振る……。いったい、どうしてなのか？　もう一度、その使い分けのルールを思い出してみましょう。

●「ぢ」と「じ」、「づ」と「ず」の使い分けルール

①　二語の連合によって生じた「ジ／ヂ」「ズ／ヅ」は、「ぢ」「づ」と表記する。
②　同音の連呼によって生じた「ジ／ヂ」「ズ／ヅ」は、「ぢ」「づ」と表記する。

つまり、右のルールに該当しないものは「じ」「ず」と表記するということでした。「鼻血」はこの規則に当てはまり、「地面」は違うと解釈するわけです。

しかし、前にも述べましたが、これをきちんと理解して使い分けている人はそういないはずです。中には、パソコンやワープロで文字を入力するときに、ふと『地面』は『ぢめん』の方が正しいのでは……」と思ってキーを叩いたら、「ぢ面」や「ヂ面」といったおかしな言葉に遭遇した人もいるかもしれません。もっとも最近のパソコンの中には、そんなときにも柔軟に対応してくれるものもあります。

たとえば、現代かなづかいでは「さしずめ」と表記する「差し詰め」。「差して、詰まる」という言葉の意味に従って、あえて「さしづめ」と入力しても、きちんと「差し詰め」と変換される場合もあります。しかし便利な反面、「『差し詰め』には仮名表記が二種類あるのかな?」という、あらぬ誤解を生んでしまう恐れがあるのです。また、「大詰め」と「差し詰め」の違いについて、「大詰め」は「詰め」の語意識が働くので「おおづめ」とし、「差し詰め」にはその語意識がないので「さしずめ」になるという説明はされています。しかし、そもそも語意識が生きているかどうかは、誰にも判定できないことではないでしょうか。

プロローグでは詳しく触れませんでしたが、「同音連呼」によって「ち」「つ」に濁音が付く場合は、「ちぢむ（縮む）」「つづく（続く）」と書き表す一方で、「五人ずつ」の場合は「五人づつ」と表記しないのも不思議です。こうした例は、挙げればきりがありません。

結局、すでに述べた通り「現代かなづかい」は、昭和六一年に「現代仮名遣い」に改定されます。「『心中を察する』の『心中』は『しんちゅう』、『曾根崎心中』の『心中』は『しんじゅう』と書きますが、現代仮名遣いは今後『しんぢゅう』も認めます」という具合に、制限が少しだけ緩くなったのです。しかしこれでは、本質的な問題の解決にはつながりません。今度は一つの言葉に仮名表記が二種類あるという、先ほどの問題に逆戻りしてしまうからです。

「本」を意味する英単語「ｂｏｏｋ」の表記は、あくまでも「ｂｏｏｋ」です。そこには、たとえば「ｂｏｏｃ」といった別の綴りが存在することなどありません。そんなことを認めると、「どちらが正しいの？」と人々は混乱してしまうでしょう。ところが、それを「許容」という形で認めているのが、現在、私たちが使っている「現代仮名遣い」なのです。

それにしても、「『鼻血』『大詰め』は二語連合で、『地面』『差し詰め』はなぜ違うのか？」「『五人ずつ』も同音連呼ではないのか？」と疑問を抱く人も多いと思います。私も「それは、こういうわけです」と明確にお答えしたいのですが、ルールが曖昧な以上、それも難しそうです。すっきりとした回答を期待していた人には、大変申しわけないのですが……。

ややこしすぎます⁉
「送り仮名」の決まり

突然ですが、皆さんに質問です。次の文を、漢字を交えて書いてみてください。どのように送り仮名を付けますか?

●漢字を交えて書いてみると?
① もうしこみしょ
② もうしこむ

いかがでしょう? ①は「申込書」が多かったのではないかと思います。一方、②は「申し込む」「申込む」の二通りの書き方があったのではないでしょうか。私たちが現在使っている現代仮名遣いでは、①の正解が「申込書」、②は「申し込む」が「望ましい」正解で、「申込む」は「△」のような「○」となります。質問を出しておいて曖昧な答えを提示するのはいささか無責任ですが、実はこのテストで、皆さんに仮名の送り方について考えてほしかったのです。

「現代かなづかい」が制定されてから十数年後、昭和三四年七月一一日に「送りがなのつけ方」が内閣告示されました。これは、昭和四八年に「送り仮名の付け方」に変わり、五六年にも「常用漢字」の制定とともに若干の修正が加えられています。いわば、送り仮名を使用する上でのルールが設けられたことになるわけですが、当時の文部省はその制定理由について「誤読、難読の恐れのないようにするため」と述べています。結果、必要以上とも思われる送り仮名が付けられるようになります。その背景には「仮名をなるべく多く使えば、誤読、難読がなくなる」という考えがあったようです。ちなみに「送りがなのつけ方」の中に「慣用が固定していると認められる語は、原則として送りがなを付けない」という記述があり、それはどう判断するのかという問題が起きたのです。その結果、国語審議会の会長以下が退陣するという事態にまで発展しました。

この送り仮名のルールに従うと、先ほどのテストの結果となります。「申し込む」の正解に「望ましい」と付けたのは、「し」を省き「む」のみで送り仮名を付けた「申込む」でも、読み間違える心配がなければ「○」とされているからです。「申込む」はどう読んでも「もうしこむ」で、ほかに間違えようがないと思うのですが、当時の文部省や国語審議会の考えは違ったようです。

ちなみに「申込書」で仮名を送らないのは、「名詞には送り仮名を付けない」という原則があるからです。ほかにも「消印」が正解で、「消し印」は「×」などがあります。しかし、「後（うしろ）」「便（たより）」「情（なさけ）」などの名詞には送り仮名を付けて書くべしとあります。確かに「私の後をついて来てください」の「後」は、「あと」とも「うしろ」とも読めてしまいます。こうした場合に、「後」ではなく「後ろ」にするというのは納得できます。問題はこのように厳密なルールがある一方で、先ほどの「申し込む」と「申込む」のように例外や許容があったために、多くの人が混乱してしまったということです。結局、「ややこしすぎる！」ということで、送り仮名のルールも改定に次ぐ改定を余儀なくされてしまいました。

送り仮名の問題については、次のような意見があります。

「文部省が現代かなづかいや当用漢字を始める前は、送り仮名は少しも混乱していませんでした。私たちは『明るい』『終る』と書いていたのです。それがどうして『明かるい』『終わる』のような、くどい表現を生んだか……」

これは、国語問題の評論家として有名な福田恆存の言葉です。文筆家である氏のことですから、仮名や漢字がころころ変わることへの苛立ちは人一倍だったのかもしれません。

最後に、送り仮名に関するこんなエピソードがあるのでご紹介しましょう。「送りがなのつけ方」が制定されたとき、教科書などはおおよそこれに従いましたが、新聞社の多くは「とんでもない！」と突っぱねました。

意外な気がしませんか？　当用漢字や「現代かなづかい」には諸手を挙げて賛成したのに、同じ文部省が決めた送り仮名には反対したのです。新聞社が、初めて国語政策に「NO！」と言った瞬間でした。ところがこれは、「勝手に日本語をいじくるな！」という理由からではなく、単に「仕事が大変になるからやめてくれ」と言いたかったのです。つまり、「申込む」を「申し込む」としたら、「し」の活字を余計に組まなければいけない。送り仮名が増えたら、その分作業時間もコストもかかってしまうというわけです。考えてみれば、当用漢字や「現代かなづかい」のときはまったく逆で、仕事が楽になるという理由で賛成したのでした。何とも調子がいいと思うかもしれませんが、こうした新聞社の反対も送り仮名の改定に一役買う結果になったのです。

第8章

戦後、ついに国語問題大論争が勃発！

一大社会事件にまで発展 福田vs.金田一の大論争とは？

明治時代の初期から展開されてきた国語改革の論争が、敗戦を機に大きく流れが変わったことについてはすでにお話ししました。しかし敗戦の混乱も多少は収まる時代になると、国語についての論戦が再燃します。そして戦後最大の国語問題論争、「福田vs.金田一論争」が勃発します。一大社会事件にまで発展した論争の主役は評論家、劇作家であり、シェイクスピア全集、ヘミングウェイの『老人と海』などの翻訳で知られる福田恆存。彼は、漢字問題よりも仮名遣い問題を重大視しており、「仮名遣いの表音化は国語の語義、語法、文法の根幹を破壊する」と述べています。そしてもう一人が文学博士、アイヌ語研究、『明解国語辞典』など多くの辞典の編纂で知られる金田一京助です。この論争が始まったのは昭和三〇年。翌年には、経済白書が「もはや戦後ではない」と宣言。日本が敗戦のショックから立ち直り自力で這い上がろうとしていた、その時代のことです。

ことの発端は昭和二八年二月、小泉信三が『文藝春秋』に発表した「日本語」にあります。小泉は「日本人が護るべき第一の文化財は日本語である」と述べ、仮名遣い問題を白紙に戻すことを主張し、改定の時期が不適当であったと指摘しました。小泉信三はマルキシズム批判の理論家として活躍した経済学者で、慶應義塾塾長を務め、しかも当時の皇太子（今上天皇）の教育掛なので、その発言には影響力があります。

これに対して金田一京助が『中央公論』に「『現代仮名遣論』―小泉信三先生にたてまつる―」を発表し反論。その中で金田一は「子供が小学校に上がってまず、一千年前の仮名遣いを学ばされる。英国ならば古代英語、アングロサクソンの綴りではないか？」などと、歴史的仮名遣いを非難します。金田一はしばしば「歴史的仮名遣いは古代語の語音に基づき、古代語を書いている」と批判していました。

金田一京助は漢字については、「まずは五千字程度に制限すれば、やがて二、三千の漢字で用が足りるようになるだろう」といった現実的な意見を述べています。しかし歴史的仮名遣いにおいては「断固反対！」。国語審議会の委員の一人として、現代かなづかいの導入を推し進めてきた御大ゆえ、これには黙っていられなかったのでしょう。しかし、この「天下の大先生」にひるむことなく嚙みついたのが、若き福田恆存です。

昭和三〇年一〇月、『知性』に「國語改良論に再考をうながす」を発表。小泉信三に対する金田一京助らの反論を、「反論の態をなしていない！」と切って捨てます。これが口火となり『知性』『中央公論』を舞台に大論戦が始まります。主な論点は、この本の中で述べてきた「現代かなづかいの矛盾点」でした。論争は金田一が福田に対して、「えらい大家だろうと謹んで敬意を表したが、聞けばまだ私の倅《せがれ》ほどの人だそうだな」と見下した調子で書けば、福田は「金田一老のかなづかひ論を憐れむ」を発表するなど、感情的になる部分もありました。しかし、これだけ「現代かなづかい」に矛盾点があれば、金田一側が説得力に欠けるのは避けられないことでした。

ちなみに金田一京助は自著『国語の変遷』で「現代かなづかい」への批判に対して、「(現代かなづかいの制定において)『表音式にする』とは一言もうたっていない」と述べています。彼は「現代かなづかいは現代語音に基づく、つまり現代語を書く」と説明していますが、今一つ分かりにくい理屈です。一方では文部省が、「現代かなづかいは、より所を現代の発音に求め、だいたい現代の標準的発音（厳密にいえば音韻）をかなで書き表わす場合の準則である」としています。文部省の原則を見る限り、「現代かなづかい」は「表音式」と受け止めるのが自然かとは思いますが、戦後の余りにも性急すぎた国語改革のねじれが、ここにきて表面化してきたわけです。

財界、文学界の大物が動く！「民」による「國語問題協議會」が発足

半ば強引に国語改革を推し進める文部省と国語審議会。しかし「福田 vs. 金田一論争」の影響で、国語への問題意識は高まって行きます。そして昭和三四年一一月四日、各界有志一六〇名余の賛同を得て、「國語問題協議會」が発足。いわば文部省による「天下り国語政策」に反対した「民」の団体ですが、錚々《そうそう》たるメンバーが集結している点には驚かされます。

まず理事長に日本経済新聞社の社長を務め、経済評論家でもある小汀利得。テレビ番組「時事放談」では、細川隆元との名コンビが人気になった人物です。さらに常任理事に福田恆存、大野晋、評論家の犬養道子、作家の大岡昇平など。「歴代内閣の経済指南役」と呼ばれた経済評論家、木内信胤《きうちのぶたね》もいます。理事には井上靖、子母澤寛、海音寺潮五郎、江藤淳、細川隆元など作家、評論家が顔を揃えています。また私が師と仰ぐ石井勲も理事の一人として名をつらねています。

評議員には三越社長の岩瀬英一郎、六興証券社長の梅澤眞六、角川書店社長の角川源義などの財界人、出版人が。尾崎一雄、金子光晴、谷崎潤一郎、三島由紀夫、三浦朱門といったおなじみの文学者も多数います。

國語問題協議會の宣言はこんな一文で始まります。

「國語は危機にある。」

國語問題協議會は昭和三九年六月三〇日に、国語問題に関する国民運動を提唱する、「同胞各位に訴へる」という、戦後の国語改革を批判する書面を発表しています。その趣旨は以下のようなものです。

●「同胞各位に訴へる」の主な内容

①　なぜ欧米諸国は発音と異なった綴りを維持しているのか？　それは変えてしまうと従来の文化遺産が理解できなくなるからではないのか？

②　日本人は優れた民族的文化遺産を継承し得ぬほど劣等か？　道元や親鸞の著書、世阿弥、芭蕉、正岡子規、夏目漱石、宮澤賢治など、数多くの文学者が名作を生み出しているではないか？

③　明治以後、国語国字簡易化運動はどうして起ってきたのか？　その背景に西欧文化に目がくらんだ短見と、日本文化の優秀さへの無自覚がありはしなかったか？

④　現代かなづかいは果して合理的で便利であるか？

⑤　当用漢字、その他、現行の表記法は矛盾が多すぎはしないか？

⑥　難しい国語国字は文化を遅らせるか？　優秀な文化を築いた国々ほど言語文字は複雑で、含蓄に富んでいるのではないのか？

⑦　言語文字を軽んずる文部省の精神は、青少年の文化意欲を弱め学力低下につながるのではないのか？

⑧　日本の戦後における奇跡的復興の原動力は戦後教育の世代ではなく、「戦前の国語と国字」で教育された三十代の力ではないのか？

ちょっと硬い話になってしまいましたが、國語問題協議會の言動は社会の注目を浴びるようになります。いわば「表意派」の逆襲の始まりです。

世界的な癌博士が激怒⁉「漢字仮名交じり文を国として認めよ！」

戦後、国語問題が大きな社会問題となりつつある中、国語審議会に対し委員の一人、世界的な癌博士として知られる吉田富三が、ある提案を突きつけます。それは「国語審議会は国民に対し方向性を明確にすべし！」といった内容で、国語改革の流れを変えた、「吉田提案」として語り継がれています。

●吉田富三による提案（「吉田提案」）

国語は、漢字仮名交りを以て、その表記の正則とする。国語審議会は、この前提の下に、国語の改善を審議するものである。

「漢字仮名交じり、つまり普通の文を正則に……」。これを聞いても、皆さんの多くは「何を当たり前な！　当時の日本でも、多くの人間が漢字仮名交じり文を使っていたではないか」と思うでしょう。しかし実は昭和三九年、これは東京オリンピックが開催された年ですが、「国」は「正則」としての漢字仮名交じり文を認めていなかったのです。国民が漢字と仮名での文章を日常的に書いていたのにもかかわらず、文部省や国語審議会にとって目指すべき正しい国語とは、この時点でも「漢字のない日本語」。しかもそれを、正面切って国民に宣言したことはありませんでした。

吉田は提案の中で、まず明治時代から現在（昭和三九年）に至るまでの国語審議会の動きについて説明し、根底に「漢字全廃」があることを指摘。仮名遣いの改良も、「漢字全廃のための中間手段でしかない」と論じます。また「なぜ諸外国のように、国民の間で自然に育成されて行くことを国が静かに愛育することができないのか」と訴えます。そして、委員会に対して以下の言葉をもって強く迫ります。

「『漢字を国字と確認し、その前提の下に審議するのであって、漢字の全廃を意図するものではない』。これを公にするのか、しないのであれば『漢字廃止を目標とするのだ』と公にせよ!」

それが冒頭の「国語は、漢字仮名交りを以て、その表記の正則とする……」というわけです。

これに対し国語審議会会長の森戸辰男は、「文部省、国語審議会の委員が漢字廃止を考えていることはないと思う。ここで改めて、漢字仮名交じり文をもってと公表する必要はないと考える」と曖昧に答えています。表だっての態度は明確にはしない。しかし、密室で国民の生活、文化に関わることを勝手に決めている……。この相も変わらぬ体質に対して、吉田は切り込んだのです。

結局、吉田提案は採択されませんでした。しかし政界にもパイプを持つ吉田は、事前に根回しをしていたのでしょうか。「正論のみをもって無理ならば、政治力に対して政治力を」だったのでしょう。次期の審議会総会において、冒頭の挨拶で中村梅吉文部大臣が「今後の国語審議にあたりましては、当然のことながら国語の表記は、漢字仮名交じり文によることを前提とし……」と述べ、事実上の正則化につながります。

時代は前後しますが、昭和三六年、国語審議会を揺るがす大きな事件が発生します。審議会を「実質は表音派による専制的な組織」と非難し、遠慮のない物言いで知られる文学者の舟橋聖一など五人の委員が脱退したのです。実際、国語審議会では次期委員を現委員の中から互選で決定していました。これでは多数を占める表音派が永遠に実権を握るのは当然です。しかもそれが国の機関というのは大問題。脱退は新聞や雑誌などでも大きく取り上げられ世間の注目を浴びました。また脱退事件を機に委員の選考が文部大臣に委ねられるようになります。なお舟橋聖一、細川隆元など、國語問題協議會の理事でありながら国語審議会の委員を務めていた人もいました。

國語問題協議會の発足、国語審議会からの五委員脱退事件、吉田提案により、日本語はまたもや歴史のうねりの中に呑み込まれて行きます。特に吉田提案は、昭和五六年の「常用漢字」制定につながる意義のあるものでした。

吉田富三は常々、「日本人がものを考えるということは、頭の中で日本語の語彙を動かし、探し、組合せる作業をするということだ。その語彙の大部分の重要なものが漢字に懸かっている」と語っていました。そして、こんな言葉を残しています。

「だから考えるということは、漢字が頭の中を駆けめぐることだ」

金田一京助の息子も認めた⁉「戦後国語施策」の誤り

昭和三〇年に勃発した「福田vs.金田一論争」は金田一京助の息子で、国語学者として知られる金田一春彦も巻き込んでいます。金田一春彦は、昭和四一年に出版の著書『新日本語論』で、乱れていると言われがちな日本語に対し、「この程度の乱れは言葉の常である」といった趣旨の論を展開しています。いわば「福田vs.金田一親子」の二世代に亘り、論争が展開したわけです。

実は福田恆存と金田一春彦は旧制浦和高校の同級生です。何やら因縁めいた話ですが、福田恆存の歿後、金田一春彦は『THIS IS 読売』平成七年一二月号に、「福田恆存君を偲ぶ」と題した追悼文を寄せています。そこには付き合いのなかった高校時代、自分が文部省の国語課に籍を置き、公用文の平易化の仕事をしていた終戦直後、また新聞や雑誌で盛んに「日本語の書き方をもっと易しくしなければいけない」と書き、はからずも福田恆存と対立したことなどが書かれています。追悼文は、以下のような一文で締めくくられています。

「戦後、三十余年たってみると、驚いた。ワープロという機械が発明され、(中略)活字の三千や四千は簡単に打ち出してくれる。(中略)これなら当用漢字の制限はしなくても良かったし、字体でも仮名遣いでも昔のままで良かったのだ。彼(福田恆存)はしかし、ワープロが登場普及しても、自分の主張が良かったなどと言わなかった。言わないでも勝ったと思っただけで安心したのであろうが、偉い友人だったと思うこと切である」

仮名遣いを改め当用漢字による漢字制限を行った、その当事者の一人である金田一春彦の言葉を、私たちはどう受け止めればいいのでしょうか？　ワープロの登場と普及で「結果的」に、自分たちのやった国語改革を否定しているようにも思えます。しかし福田恆存の指摘は、あくまでも「国語の本質」に基づいてのものでした。決してワープロの登場によって正論であるか否かが決まるような、便宜主義の論ではありません。ここに最後まで平行線をたどった「福田 vs. 金田一親子」の、その理由が見えてくるような気がします。

追悼文には「(高校時代の私は)自由な生活を謳歌していた」「(福田恆存は)英語の原書のようなものを小脇に抱えて歩いていたから、親しみようがなかった」とも書かれています。二人は当時から対照的だったのでしょう。

戦後の国語改革の当事者による反省の弁はいくつかあります。ここでは責任ある考察が感じられる、元文化庁長官、安嶋彌《やすじまひさし》氏の弁を取り上げてみます。教育者向けの機関紙『内外教育』に掲載された「国語改革について」からの要約、抜粋です。

ここで安嶋氏は「戦後の国語改革は、米国教育使節団の介入に乗った、便乗改革であった。文部省は歴史的仮名遣いを否定するという過ちを犯した」と記しています。また、「動詞の送り仮名などの表音表記を変えたことは、国語を否定するもので容認できない」と続け、以下の文で締めくくっています。

「五十年の年月のたった今日、歴史的仮名遣いで育った人はほとんどいない。これが問題だという意識すらなくなっているが、私は前代の人間、また元文部官僚の一人として、少なくともこれは間違いであったという反省を後世に残しておきたい」

一番恐ろしいのは、「お上」の手で既成事実を作られてしまい、私たち個々が自分で咀嚼せず、疑問を持たなくなることではないでしょうか。なぜ今、国語改革の当事者たちから反省の弁が出るのか？　安易な批判や中傷というレベルではなく、その理由を私たちは真剣に考える必要があると思います。

第9章

日本語は今も狙われている？

当用漢字を改訂した「常用漢字」が登場

昭和三九年の「吉田提案」がきっかけとなり、それまでの文部省や国語審議会の政策にブレーキが掛かるようになりました。日本の国語政策は徐々にですが、変化の兆しを見せ始めるのです。

吉田提案から一七年が経過した昭和五六年——。ついに、当用漢字に代わり「常用漢字」（一九四五字）が制定されました。従来の一八五〇字に九五字の漢字を追加し、「一般の社会生活において現代の国語を書き表す場合の漢字使用の目安を示すもの」と、制限的な色合いが薄まったのが特徴です。常用漢字表の制定直前に作られた「常用漢字表案」について、当時の筑波大学教授、林四郎はこのように述べています。

「新しい漢字表が国民の言語生活の監督者としてではなく、指導者として、拠るべき目安を示すことになると、これで、戦後の国字施策は、はっきりと、第二期への転機を迎えることとなる」。これに伴い、それまでの国語表記の「基準」とされていた当用漢字表、当用漢字字体表、当用漢字音訓表が廃止になりました。さらに、学校教育に採り入れられていた当用漢字別表も姿を消します。常用漢字の誕生とともに、戦後三十数年に亘る国語政策に一応の区切りがついたと言えるでしょう。

●「常用漢字」として新たに追加された漢字（計九五字）

猿 凹 渦 靴 稼 拐 涯 垣 殻 潟 喝 褐 缶 頑 挟 矯
襟 隅 渓 蛍 嫌 洪 溝 昆 崎 皿 桟 傘 肢 遮 蛇 酌
汁 塾 尚 宵 縄 壌 唇 甚 据 杉 斉 逝 仙 栓 挿 曹
槽 藻 駄 濯 棚 挑 眺 釣 塚 漬 亭 偵 泥 搭 棟 洞
凸 屯 把 覇 漠 肌 鉢 披 扉 猫 頻 瓶 雰 塀 泡 俸
褒 朴 僕 堀 磨 抹 岬 妄 厄 癒 悠 羅 竜 戻 枠

※これら以外の常用漢字は、「元」当用漢字の一八五〇字。

この表を見ると「猿」「蛇」「猫」など私たちがよく知っている動物や、「靴」「皿」「傘」など身近なものを表す漢字が、実は当用漢字表には入っていなかったことが分かります。皆さんの中には、「たった九五字が増えただけじゃないか」と思う人もいるかもしれません。しかし、今までは「漢字をいかにして減らすか」という観点で国語政策が行われてきたことを考えると、この常用漢字が持つ意義は決して小さいものではありません。

ちなみに、常用漢字が制定される四年前の昭和五二年。学習指導要領が改訂され、学年別配当漢字も備考漢字が正式に加わり八八一字から九九六字に増えました。さらに、当用漢字（一八五〇字）を中学卒業までに読み書きできるようにと、漢字指導の内容もこれまでとは随分様変わりします。それ以前にも、子供たちの文字力低下を防ぐために学習指導要領は改訂されており、こうした一連の動きも「吉田提案」の影響なくしては語れません。こうした漢字指導の変更は、その後の常用漢字にも反映され、平成元年の「新学習指導要領」では、「高等学校卒業までに常用漢字の読みに慣れ、主な常用漢字が書けるようになること」とあります。

こうした風潮に危機感を募らせたのが、改革派の人々です。彼らとしては漢字の数をできる限り減らして行きたいわけですから、無理もありません。やがて彼らは「漢字の押しつけだ！」「漢字の詰め込み教育だ！」と、擁護派への反論を開始します。ときには様々な研究報告を根拠に、「子供たちはいかに漢字の読み書きができていないか」などと訴えることもありました。

これについて、問題は指導する漢字の多さではなく、指導のやり方そのものにあるのではないかと考える人々がいました。私の師、石井勲先生もその一人でした。彼は、特に学校で教える漢字の「読み書き同時学習」と、「止め」や「撥ね」に事細かにこだわる指導に、子供が漢字に興味を持てず、逆に負担と感じてしまう原因があると考えていました。これについては後ほど詳しくお話ししましょう。

さて、当用漢字から常用漢字へと名前が変わり、使用する漢字の「制限」も「目安」になるなど、かなり緩やかになったかのように見える国語政策。終戦直後の時代と比べるとまさに隔世の感がありますが、その一方で未だに漢字は不当な扱いを受けているという声もあります。その主な理由として、内閣からの訓令・告示という形が変わっていない点、学年別配当漢字に縛られた学習が続いている点、そして、新聞や雑誌には昔ながらの交ぜ書きが改善されないまま残っている点などが挙げられます。

学年別配当漢字については、平成一一年の小学校学習指導要領において、「読み」については「当該学年までに配当されている漢字を読むこと」、「書き」については「当該学年の前の学年までに配当されている漢字を書き、（中略）当該学年に配当されている漢字を漸次書くようにすること」と記されています。つまり形としては「読み」を先習させていることになりますが、これが教育現場でどれほど実践されているかは分かりません。

こうした点が変わらない限り、「日本語は今も狙われている！」と危惧する人々の不安はなくならないでしょう。

「現代かなづかい」の矛盾を引きずる改訂「現代仮名遣い」

当用漢字から常用漢字へと変わった、その五年後。昭和六一年には、「現代かなづかい」も「現代仮名遣い」に改定されました。以前から國語問題協議會のメンバーたちは、「本当に問題があるのは、漢字制限よりも現代かなづかいの方だ」と述べていただけに、今回の改定により「現代かなづかい」の矛盾点が改善されることが期待されました。

さて、「現代かなづかい」の改訂にあたり国語審議会は「広く国民の声を聞く」ことを建前に、全国五大都市で説明会を開いています。内容的には仮名遣いの「改訂案の説明会」というよりも、実質的な改訂要素を持たない単なる「現代かなづかいについての説明会」といったものでした。私も東京の九段会館で開かれた説明会に出席し、国語に関する討論に耳を傾けていました。会にはフランス文学の研究で知られ、日本の国語問題にも積極的に関わっていた市原豊太氏も出席。氏はそこで擁護派の立場から、国語審議会に様々な質問と訴えをして行きます。自著『言霊《ことだま》の幸《さきは》ふ国』に、国語審議会への公開状が書き残されています。

「つまり三君とは師弟の関係ですが、今や出藍の誉れを得られた学者と、単なる一旧師に過ぎませんし、国語については、専門家と素人の大きな隔たりがあります。（中略）しかし庶民の一人として、国語を愛する日本人の一人として、自分の考えを知つて頂き（云々）」

当時の審議会メンバーの中には市原氏のかつての教え子もおり、三人の教え子（三君）への「手紙」という形で訴えかけています。相手が教え子であるにもかかわらず謙《へりくだ》り、懇々と情理を尽くして訴える氏の国語愛護の姿に、私は大変感銘を受けたことを今でもよく覚えています。

この席で市原氏は、常用漢字と「現代かなづかい」の矛盾点のみならず、戦後の国語改革を「敗戦の混乱に乗じた暴挙で、国民を無視した非文明的なもの」「安易な便宜主義に基づき、古典と国民の間に大きな断絶を生じさせた」と指摘します。また、関東大震災前後に日本に駐在し、詩人、劇作家としても知られるフランスの大使、ポール・クローデルが日本の太古からの文明を賞賛し残した言葉、「日本人は貧しいが高貴な国民だ」を引用するなどして、日本の伝統的文化と精神の尊さを切々と語り、歴史的仮名遣いの廃止については「(文部省の）古典に対する愛情と尊敬のなさの露呈」と非難しました。

市原氏の公開状の最後はこのように結ばれています。

「よき友も次々に逝き、もう何時死んでもいいのです。ただ漢字制限と新仮名遣だけは心残りです。『黄泉の障りは是一つ』です。『問題は既に解決済みである』などと『北方領土』並みの高圧的な構へはすることなく、皆さんで一つ考へ直して下さいませんか」

こうして五大都市での説明会を経て、いよいよ現代仮名遣いが制定されたわけですが、結果は「改訂」としながらも「現代かなづかい」と大差のないものでした。第7章でも少し触れたように、仮名遣いの制限が若干緩み、「『差し詰め』の『詰め（ずめ）』を『づめ』と書くことも認める」といった、すなわち「許容範囲」が広くなっただけのことでした。

それだけに「現代仮名遣い」は、「現代かなづかい」の「追認」に過ぎないという意見が多くありました。こうした意見は、「現代かなづかい」における諸問題に対して抜本的な改善を行わず、単に表題と許容範囲を変えたことで「改訂」とする国語政策への不信と受け止めることはできないでしょうか。しかし歴史的仮名遣いを排除し「現代かなづかい」を導入した改革派、つまり「表音派」は、「現代かなづかいは社会に定着し安定しているので、大筋において改める必要はない」とのスタンスを変えませんでした。

許容範囲といえば、現代仮名遣いでは「世界中」は「せかいじゅう」、もしくは「せかいぢゅう」のどちらでも良いと認められながら、「地面」「布地」だけは従来のまま「じめん」「ぬのじ」と書くようにと決められています。読み書きのテストで「地面」を「ぢめん」と書き「×」を貰った小学生のエピソードがありました。「地《ち》の面」だから「ぢめん」であるといふ極めて論理的なこの考えは、現在の学校教育の場でも「×」の対象です。これについて、林武は「〝現代かなづかい〟といふのは、頭のいい子ほど間違ひやすいやうにできてゐるし、さういふ子を納得させる合理的な説明ができないやうにできてゐる」と記しています。

以前、私は知り合いの教師にこんな質問をしました。それは「世界中」での「中」の仮名表記で「ぢ」を使うのは「○」か「×」かというものでした。教師の多くは現代仮名遣いでは「ぢ」も認められているとは思わず、彼は「×」を付けると答えました。そこで私が「現在では『せかいぢゅう』も許容されており『○』なのだ」と説明すると、確かにそちらの方が論理的な表記だという答えが返ってきました。ただし、子供たちは混乱してしまいそうです。一つしかないと思っていた仮名表記が、実は二種類あったと分かったら……。

未だに脱皮できない「新聞用字用語集」

日本は世界の国々の中でも、最も新聞が読まれている国として有名です。当然、それを読む国民への影響力は計り知れないものがあり、ときに「第四の権力」と呼ばれることもあります。読者が影響を受けるのは、何もニュースや社説だけとは限りません。そこに書かれた文字もまた、読者の「国語力」を形成する上で、大変に重要な役割を担っています。

当用漢字や「現代かなづかい」など、戦後の国語政策に積極的に協力してきたのは、ほかならぬ新聞社です（送り仮名だけは別でしたが……）。各社が新聞紙上で率先して代用漢字を使い、交ぜ書きを採り入れることで、文部省や国語審議会の政策は瞬く間に全国に広まって行きました。国語のさらなる普及という点では評価に値するこの出来事も、一方では戦後国語政策が抱える様々な問題点を全国にばらまいてしまったとも言えます。

昭和二八年二月。日本新聞協会に加盟している各社の用語担当者が集まり、「新聞用語懇談会」が発足しました。会結成の主な目的は、それまで各紙ばらばらだった用語表記を統一し、読者に混乱を与えないようにしようというものでした。公共性の高い新聞ですから、確かにこれはグッド・アイディアと言えるでしょう。ところがこの会も、いわゆる「漢字制限派」と「漢字擁護派」の二つのグループに分かれ、「漢字を減らして交ぜ書きを増やすべきだ！」「いや、もっと当用（常用）漢字表以外の漢字も使うべきだ！」といった熱い論争が展開して行くのです。

こうした議論の末に決定した「統一表記」を掲載し、マスメディアに関わる人々から重宝がられているのが『記者ハンドブック—新聞用字用語集—』です。昭和三一年（一九五六年）の初版発行以来、新聞社、放送局、出版・編集関係者を始め、官公庁、自治体、各種企業など、様々な分野の関係者に使われている用語集です。その中にこんな四文字があるのですが、皆さんは何と読みますか？

風光明美

●次の四文字を読んでください

何やら「カザミツ・アケミ」という女性の名前のように読めますが、実はこれは「風光明媚」の代用表記なのです。「媚」という漢字が常用漢字表に入っていないので、「山水の景色が美しく、人の心を魅了すること」という言葉の意味にならい、「美」の漢字に置き換えられてしまったのです。新聞用語懇談会のメンバーで、産経新聞特別記者・論説委員の塩原経央氏はこの件に触れ、自著『「国語」の時代』（ぎょうせい）において「『これは代用漢字の中でも傑作の一つ』と代用漢字派は鼻をうごめかしかねないのである」と述べています。当然、氏のように「風光明媚」を支持する人、すなわち代用漢字や「敬けん」「しゃく熱」といった交ぜ書きを良しとしない人は納得するはずがありません。結局、ハンドブックは両方の表記（言い換えれば「両論」）を載せるということで落ち着きましたが、やはり不自然な感じがしてしまいます。

塩原氏は、「『フウコウメイビ』に対し『風光明媚』と『風光明美』と両様の表記が流通し、国語表記に無用の混乱を引き起こすことになる」と述べていますが、このような事態は決して絵空事ではなく、すでに現実の世界で起きています。その点を新聞社を含むメディア、読者がもう一度真剣に考えなければいけない時期がきているのではないでしょうか?

第10章

国語再生の鍵を求めて

最初から〝本物〟を子供に教える「正書法」教育のすすめ

ここまで、私たちが使う日本語の矛盾や問題、それを生み出した歴史的な背景などについてお話ししてきました。当然、これらの問題は学校で「国語」を学ぶ子供にも大きな影響を与えます。この章では子供への国語教育についてお話ししたいと思います。

ところで皆さんは漢字について、このように考えていませんか?

「漢字は子供にとって難しいもの」
「漢字は大人用。仮名は子供用」

当たり前と受け止められてきたこの考え方は、子供への漢字教育において大きな落とし穴となります。皆さんの中には、漢字に苦手意識を持つ人もいるかと思います。しかしそれは漢字が難しいのではなく、「誤った認識」に捕われた戦後の漢字教育、国語教育に問題があったからです。

私は平成二〇年四月まで、ＮＰＯ法人「日本漢字教育振興協會」の理事長を務めていました。日本漢字教育振興協會は「國語問題協議會」発足時の理事であり後に同会で副会長を務めた、日本漢字教育振興協會の前理事長であり、第三七回菊池寛賞を受賞された教育者、故・石井勲先生が打ち立てられた漢字教育の理論を核に、幼稚園や保育園などの幼児、児童、また障害児などを対象に全国規模で教育活動を展開してきました。

また私は現在、公的教育機関を含め、幼児教育などの活動をしていますが、石井勲先生が打ち立てられた漢字教育の理論を継承したものです。その基本的なコンセプトは、以下となります。

「初めから正書法で学ぶ」

つまり「子供に対して、社会一般で漢字を用いて表記している言葉は、初めから漢字表記で提示しよう」というのが根幹にある考え方です。

一見、子供に負担をかけかねない「非常識」な方針と思われるかもしれませんが、「石井式」と呼ばれるこの教育法は、半世紀に亘る研究・実践に裏づけられ、とりわけ国語力の低下が叫ばれる近年は、その救世主的な役割を担うものとして注目されています。

石井先生がこの発想を得たきっかけは、まだ二歳に満たない自分の長男が、『国語教育論』という本の表紙の「教育」の文字を「きょういく」とはっきりと読んだことでした。以前から石井夫人が長男にしきりと尋ねられ教えた、購読誌『教育音楽』から、長男は「教育」の文字を覚えていたのです。

石井先生によるこの教育法の実践は、昭和二八年に始まりました。「当用漢字」と「現代かなづかい」が導入されたこの時代、盛んに「漢字は子供にとって重荷であり、漢字を少なくすれば教育能率は上がる」といった議論がなされていました。しかしそれに疑問を抱いていた先生は、自らが小学校の教育現場で実験教室を持ち実践。そこで小学校の低学年ほど漢字を覚える能力が高く、高学年になるにつれて能力が低くなるという結果を得たのです。

この教育法は、公開授業などの実施でマスコミや教育界から注目を浴びるものの、文部省の学習指導要領が厚い壁となり小学校での導入は思うように進みませんでした。その後、先生は幼児教育に転進。自ら教育研究所を設けて研究を深め、その効果が反響を呼び、瞬く間に全国の幼稚園や保育園に広がりを見せて行きます。

私が石井先生の教育法を知り感銘を覚えたのは、大学在学中のことでした。私は平成二年より三年間、船橋市立法典東小学校の校長を務めています。その三年目の平成四年より、石井勲先生の指導理論を核にして全校を挙げて「自ら学ぶ力を育てる漢字指導」の研究に取り組みました。幸いにも大きな成果を上げることができ、同校は「第四三回讀賣教育賞」の「国語教育部門」で「優秀賞」を受賞。このとき私自身、改めてこの教育法による効果の大きさを実感した次第です。

「石井式」教育法は二つの柱で成り立っています。一つは「まず漢字を読めるようにし、後から書くことを学習」する「読み書き分離学習」。もう一つが漢字を論理的、体系的に学ぶ「漢字の成り立ち学習」です。

●石井勲先生の漢字教育における二つの柱
読み書き分離学習
漢字の成り立ち学習

石井先生の教育法は、この二つの要素で優れた結果を残しています。

「読み書き分離学習」と「漢字の体系的学習」で子供が変わる

石井先生の教育法の基本の一つに、まず反復により漢字の読みを学び、字形の認知が深まった後に書く学習を行う「読み書き分離学習」があります。

学校では漢字の読みと書きを同時に学ぶ、「読み書き同時学習」が行われてきました。しかし、読むのはいわば「入力作業」、書くのは「出力作業」で、入力と出力を同時に要求されるのは、子供にとって大きな負担です。戦後、文部省は「表現力を豊かにする」との方針で、いわば出力作業を重視してきました。しかし入力がしっかりされていないのに、出力をしっかりとできるはずはありません。語彙を増やし、それから書くので構わないのです。私の経験からして、入力された言葉が増えると、子供は自ら話したがり、書きたがるものなのです。

子供にインプットされた言葉を「内言語」と呼びますが、内言語の差は徳性、感性、情緒力の差、さらには理解力、思考力、表現力、コミュニケーション力の差となります。したがって内言語が乏しいと、しっかりとした心も育たず、しかも理解力、思考力の不足につながります。

たとえば、こんなエピソードがあります。

ある小学校の給食のメニューに、「むしパン」と書いてありました。これを見て一人の児童が、先生に質問をします。

「先生、このパンには何の虫が入っているの?」

クラスの仲間は大笑いですが、彼にはなぜ自分が笑われたのか理解できません。彼の内言語に「虫」はあっても「蒸し」がなかったのです。これを子供らしい勘違いだと笑ってすませてはいけません。たとえば我が土屋家の家訓を平仮名で書いてみましょう。意味を理解できますか？

もうこりた

「もう懲りた」ではありません。「もう懲りた」が家訓では、土屋家の人間は余りにもかわいそうです（笑）。これを漢字で書くと、こうなります。

忘己利他

「自分のことは後にして他人のために尽くせ」という意味を持ちます。「もうこりた」を目にした瞬間に「忘己利他」と認識するか否かは、見た人の内言語で決まります。内言語が重要であることは、子供も大人も同じことなのです。

ところで小学生の漢字習得能力は、低学年ほど高いことが分かっています。信じられないかもしれませんが、一年間で四〇〇から五〇〇の漢字を読んでしまうのです。

これは子供の脳の発達に理由があると思われます。

人間の脳について「子供の脳から大人の脳へ変わる時期」を指す、「九歳半の節目」という言葉があるそうです。子供の脳は繰り返しが大好きで、繰り返しを要求します。さらに難しいものほど興味を持ち、スポンジのように吸収しようとします。一方、大人の脳は繰り返しが苦手で、難しいものは吸収を拒絶しようとします。

また子供は「蟻」や「鳩」など、画数が多い漢字を先に覚えるという特徴があります。それは文字の情報量が豊富だからです。人間でも髭や皺など情報の多い特徴的な顔は覚えやすいのと同じでしょう。意外ですが、子供の脳にとって漢字の難易は画数には関係がないのです。繰り返しが得意な低学年でたくさんの漢字の読みを学ばせ、学年が上がるにつれて提示する漢字の数を減らす方が好ましいのですが、実際の教育現場では逆のことが行われています。いずれにせよ、子供たちの漢字習得の能力の高さには驚くばかりです。

さて、石井先生の教育法における、もう一つの基本が「漢字の成り立ち学習」です。これは子供にとっても大人にとっても、大変興味深いものです。

漢字の派生には六種類あります。「山」といった、ものの形をかたどったものを象形文字。「上」「下」といった抽象的な概念を点や線で表したものを指事文字。「明」（「日」と「月」の組合せ）のように二つ以上の漢字を合わせて一つの文字を作り、意味も合成したものを会意文字。「江」（水の意味を持つ「氵」と「コウ」の音を持つ「工」）のように意味を表す部分と音を表す部分で構成されたものを形声文字。「楽」の「ガク」（楽器）を、「快楽」の「楽」の「ラク」（楽しい）に転用するといった、ある漢字の意味を、ほかの意味に転用した転注文字。「印度」（インド）のように、ある言葉の意味を表す漢字がない場合、同じ音の漢字を借りてあてがった仮借文字。これらを総称して「六書《りくしょ》」と呼びます。

では、ちょっとクイズを出してみましょう。

「太平洋」と「大西洋」

●どちらも大きな海なのに、なぜ「太平洋」と「大西洋」なのでしょうか？

この違いの秘密は漢字の成り立ちにあります。まず人間が手足を伸ばす姿から「大」が生まれました。そして「一番大きい」という意味を持つ漢字が必要になると、

「大」に「大」を重ねた「太」が生まれます。やがてあとから加わったほうの「大」は「丶」と簡略化されるようになり、「太」が生まれたわけです。つまり「太平洋」は世界で「一番大きな」ということで、「太」が使われているのです。「皇太子」「太古」「太陽」など、いずれも「一番」の意味を含んでいますね。

●「太」の成り立ち

「大」と同様に、人間から生まれた漢字はたくさんあります。たとえば「大地に人が立っている」→「立」、「立が二つ並び」→「竝」→「並」。「並」は「竝」の省略漢字で、戦前は「竝」を使っていました。このように漢字は人の体、手や足、また動物や植物、生活の中からたくさん生まれています。

　漢字の成り立ちを説明すると、子供は深い興味を示します。そして学年別配当漢字などの枠を飛び越え、連想的に楽しく覚えて行きます。成り立ちが子供の知的好奇心を掻き立てるのでしょう。「先生待って、教えないで。自分たちで考えるから」。こんな声がよく、子供たちから聞かれます。

●人から生まれた漢字の一例

ではもう一つ、クイズです。「片」は「木」が半分になって生まれた漢字です。では、「門」が半分になると何の漢字になりますか？

●「木」が半分になって「片」が生まれた

では「門」が半分になると?

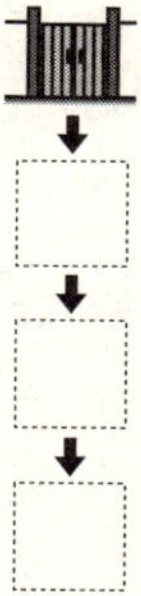

答えは「戸」です。どのような成り立ちなのか、想像してみてください。

幼児や知的障害児が好む漢字の不思議

幼児や小学校低学年の子供、知的障害児や自閉症児は不思議なことに漢字を好みます。知的障害者への漢字教育については、脳障害治療の世界的権威、グレン・ドーマン博士も石井先生の漢字教育を評価し、昭和四七年（一九七二年）には石井先生との共同研究を企画。翌年、石井先生はドーマン博士主催の「第六回人間能力開発世界会議」で金賞を受賞しています。

私は知的障害児、自閉症児への漢字教育の経験がありますが、漢字を用いて話をすると興味を示す彼らも、平仮名に切替えたとたんに退屈そうな表情を見せます。それは漢字が「形」を持ち、読み方による「音」を持ち、「意味」を持つ「目で見る言葉」だからだと考えられます。この三要素が直結するので興味を持てるのでしょう。それに対して平仮名は音として認識できても意味が分かるとは限らないから、興味をそがれるのだと思います。

漢字と平仮名の大きな違いは、脳の受け止め方にもあります。最新の脳科学では平仮名などの「表音文字」は、耳を通して音として側頭葉の聴覚野に入力されると説明され、実証もされています。これを見ても、平仮名が音を聞く聴覚系の文字として作られたことが分かります。平仮名が、音を仮借した「万葉仮名」から生まれている点を考えても、聴覚系の文字であることが理解できるでしょう。一方、漢字は目を経由して図形として後頭葉の視覚野に入力されます。つまり漢字仮名交じり文を使う私たちは、普段から脳の異なる領域を同時に使っているわけです。これについて東北大学未来科学技術共同研究センター教授の川島隆太氏は、自著『子どもを賢くする脳の鍛え方』（小学館）で、「漢字、平仮名、片仮名を扱う我々日本人は、欧米人に比べると視覚系の脳をより多く使い、言語を使うことで多領域の脳を活性化してきたという特質を持っている」と述べています。

また昭和五七年五月の科学専門誌『ネイチャー』に、心理学者のリチャード・リン博士の論文が掲載されています。内容は先進五カ国で実施された共通知能テストで、日本の子供のＩＱが平均で一一も高いというものでした。それについて研究者たちは「知能が高いのは漢字仮名交じり文の効用」と結論づけたそうです。二〇年以上も前の論文ですが、最新の脳科学が実証した脳と漢字仮名交じり文の因果関係などを考えると、大変興味深いデータです。

漢字仮名交じり文の素晴らしさには、漢字と仮名に役割分担を与えた点も挙げられます。たとえば次の俳句。

米洗ふ前を螢が二つ三つ

米洗ふ前に螢が二つ三つ

前者は蛍が前を飛んで動いていますが、後者は目の前に止まっています。たった一つの平仮名を替えることで、まるで違う情景を表現できる……。それが漢字仮名交じり文の素晴らしさで、世界に誇るべき言語だと私は思います。

しかし「仮名先習」の教育では、漢字仮名交じり文の効用を生かすことはできません。後に漢字を学んでも表音文字と勘違いし、「火とが木た」と書いたり、「川わ」と漢字の末尾に不要な仮名を付ける誤りを犯しがちだからです。また覚えた漢字を使おうとしない傾向も強くなります。これは最初に覚えた仮名が、漢字に勝ってしまうからだと考えられます。私どもは「先入主」と呼んでいますが、逆に漢字を先に覚えた子供は漢字を書きたがります。漢字仮名交じり文の確立のためにも、子供の脳の適時期に最初から漢字で学ばせる必要があります。ただし漢字の学習は楽しくなくてはいけません。そのために私どもはいつも、こんな気持ちを込めて子供たちに接しています。

子供に漢字を、美味しく食べさせよう。

エピローグ
国語が変われば、日本は変わる

訓読みを発明した日本人の素晴らしき可能性

多くの矛盾を抱える日本語。しかも現在の日本では国語力の低下が懸念されており、もちろんそれは大きな問題です。しかし日本語の歴史を振り返ると、そこには日本人の高い可能性が現れていると私は思います。

日本語の誕生において、日本人が自身の素晴らしさを証明したものに「訓読み」の発明があります。世界の歴史を見ると、文字がない国に文字が生まれるときは一般的に「仮借」が行われます。つまり外国の文字を借りてくるわけです。文字を借りて発音を真似し、それを自国の文字として行く。普通、どの民族もこの作業だけで終わってしまいますが、日本人は中国から漢字を仮借したときに訓読みを発明しました。漢字の伝来は、一般的に三世紀末から四世紀初頭にかけて、百済《くだら》から来朝した王仁《わに》が

『論語』と『千字文』を伝えたとされています。

たとえば「山」という漢字が日本に入ってきたとき、中国ではこれを「サン」とか「セン」とか読むので、日本人もそれを真似するしかありませんでした。でも日本人は考えます。

「この字は、これまで使っていた話し言葉（和語）でいうと、『やま』に当たるのでは？」

そして「山」を「やま」と呼ぶようになります。この瞬間が、「日本人が漢字を日本語にした瞬間」でした。こうして日本人は中国式の読み方の「音読み」と日本式の読み方の「訓読み」の両方で、表現の世界を広げるのです。

自分の国の言葉で外国の言葉を読んだ民族は、歴史上、二つしかいないとされています。日本人と、紀元前二三九〇年頃にメソポタミアに統一国家を作ったアッカド人です。アッカド人はシュメール文化を吸収し、シュメール人に学んだ楔形文字《くさびがたもじ》でアッカド語を黏土板《ねんど》に書き残しました。しかしアッカド人は紀元前の人々で地球上から消滅しています。つまり、現存する民族は唯一、日本人というわけです。日本人を「物真似民族」と揶揄する人もいますが、的確な言い方ではないと私は思います。訓読みの発明でも分かるように、日本人は創造性に溢れているのです。

仮借した文字に染まることなく、和語を生かし訓読みを発明した日本人の創造性は、和語の語原の中にも見て取れます。たとえば歴史的仮名遣いでは「泉」は「いづみ」と表記し、その語原は「いづみず（出づ水）」、つまり「水が出る場所」です。また「すぎ（杉）」の語原は「すぐき（直ぐ木）」で、「真っ直ぐな木」という意味です。「泉」や「杉」などの情景や姿をイメージして表した言葉だということが分かります。

和語の語原の中で私が一番好きなのが、「いのり」です。中国から「祈（祈）」が伝来したとき、日本人は和語の「いのり」を訓読みとして割り当てました。「いのり」の語原は「い宣る」です。

●和語における「いのり」の語原
「い宣る」

「い」は意味を強めるときの接頭語で、万葉集などではよく使われています。また「宣る」には「宣言する」の意味があります。つまり当時の日本人は神様に何かを頼むのではなく、神様に対して「ご加護に値する生き方をします」と誓っていたのでしょう。しかも「い」を使うのだから、「もし実行できないのならば、自らに罰を与える」との強い決意をもって、手を合わせていたのではないでしょうか。私たち現代の日本人は、「祈」の意味や行動を「他力本願」と捉えがちですが、その時代の日本人の「祈」は積極性を持ったものではなかったのかと思います。こういった面にも和語の特徴が現れており、そこには日本民族の考え方やものの見方が反映されています。日本人の心は和語にこそあると、私は思っています。

また日本人は漢字の造語力を存分に引き出しました。たとえば山と水を「山水」とすることで「自然」の概念を作り上げたように、造語力をふんだんに活かし、語彙を豊かにして行きました。また、「演説」「賛成」「討論」といったよく使われる言葉も、その一例です。そしてその造語力は、漢字の輸入元である中国にも大きな影響を与えています。約一万語ある中国語のうち、一〇〇〇語余りが「和製漢語」なのです。「体操」や「出口」「入口」などは、日本から逆輸入され中国に定着した言葉です。

そして日本人は同時に、「訓読法」によって中国の古典まで読みこなしてしまったのです。その分かりやすい一例を、以下に挙げてみたいと思います。

「春眠暁を覚えず」という言葉があります。ご存じのようにその意味は、「春の夜は眠り心地が良く、朝が来たことにも気付かずに、つい寝過ごしてしまう」となります。これは、中国唐代の代表的な詩人、孟浩然の五言絶句「春暁」を、日本人が訓読法で読みこなしたものです。では、どのように読みこなしたのでしょうか。

春《チユン》 眠《ミエン》 不《ブー》 覚《ジユエ》 暁《シヤオ》
←
春眠不レ覚エレ暁ヲ
←
春眠《しゆんみん》 暁《あかつき》 を覚《おぼ》えず

このように漢字の一字一字のみならず、漢字で書かれた文章まで、日本語で読むことに成功したのです。そして、万葉集や平家物語など日本独自の古典とともに、中国などの外国の古典も読めるようにしてしまったのでした。「日本は古典を二倍持っている」とよく言われますが、これも訓読法のおかげでしょう。こうして日本語はますます豊かになり、日本人は深い知性と知力を手にすることができたのです。

明治時代以降、欧米文化を自国の文化と融合させ、日本は急速に近代化を実現します。その背景には、訓読みの発明と漢字仮名交じり文での理解力があったからこそと、私は考えています。それゆえ、古来の日本人からの遺伝子を受け継いだ現在の日本人にも、本質的に素晴らしい可能性が宿っていると思わざるを得ないのです。

「漢字仮名交じり文」の素晴らしき表現力に感謝!

和語は、日本人の心(和魂)を表す世界を持っていると思います。和語をしっかりと学ぶことによって、日本人らしい心が育まれると考えることもできます。子供たちも訓読みをたくさん勉強すれば、自ずと和魂を育むことができるのではないでしょうか。

和語は訓読みと仮名、漢語は音読みとなります。和語と漢語では同じ意味の言葉でも、イメージは微妙に異なります。たとえば次の言葉。

別れ	考え	くわしい	ちちはは	ふるさと
別離	思考	精緻	父母	故郷

いかがでしょう？　右の和語には「情」のようなものを、左の漢語には論理的な「知」を感じませんか？　不思議なことに和語を使うと情を表すことができます。私も講演で情に訴えるときは、できるだけ和語を使うようにしています。極端な例が演歌です。演歌の歌詞にはたくさんの和語が使われていますが、もし演歌が漢語だらけだったらどうでしょうか。親しみなんて湧きはしないでしょうし、カラオケで歌っても楽しくないでしょう。

一方、漢語は「知」に傾きます。同じ文章でも漢語を使えば、論理的で知性のある文章になります。これが和語だと「情」に傾き、平仮名を多くすれば柔らかい印象を与えることができます。この「知」と「情」が一体となって成長してきたのが日本語の大きな特徴です。

「知」だけでも、「情」だけでも弱いのです。両方が一体となると奥深さが出てくるわけです。譬えて言うと、バイオリンとピアノの関係のようです。二つの音が合わさって、素敵なハーモニーが生まれるということです。

「和魂漢才」という言葉があります。学問の神として知られる菅原道真を称したとも伝えられているこの語の意味は、「日本古来の精神をもって、中国から伝来した学問を活かすこと」、またその重要性を意味します。

「和魂」は「情」、「漢才」は「知」と受け止めてもいいでしょう。現在の日本では「和魂」は弱まりつつあります。「漢才」はもっと弱まっています。代わりに「洋才」が極端に強くなりつつあるようです。特に若者や子供たちにおいて顕著に現れ、私の目には「洋才」に乗っ取られているかのようにも映ります。

「和魂」は「漢才」を得て磨かれるものです。そして、「漢才」も「和魂」によって生きた働きができるのです。また、現代人は世界を相手にして生きてゆかなければならないのだから、「洋才」を磨くことも大切です。しかし、私たちは日本人です。日本人ならば、基本にあるべきは「和魂」であり、その上で「漢才」「洋才」をバランスよく育ててゆく。その重要性を説くことこそが、私たち日本人の大人としての仕事であると私は考えています。

日本人のアイデンティティは「国語」にあり

日本人は日本語でしか日本人になれません。間違いなく国語は民族の生命線です。戦後、多くの日本人が矛盾をはらむ国語で育ってきましたが、それでも日本がどうにか保たれているのは、日本語が本質的に素晴らしいからではないでしょうか。しかし今が正念場だという危機感もあります。このままでは「日本人の遺伝子が変わってしまうのではないのか」という危惧です。

こんな考え方はどうでしょう。私たちが今生きている世界が「横軸の世界」だとしたら、親から子へ、またその子へと続く世界は「縦軸の世界」です。私たちが今使っている国語を「横軸の国語」だとしたら、それぞれの世代が、親の世代から受け継いできたのが「縦軸の国語」と言えます。しかし千数百年、日本古来の伝統を受け継いできた縦軸の国語が、敗戦を機に強引に断ち切られてしまいました。

それを決定的にしたのが、昭和二二年の文部省の「中学校学習指導要領」です。文部省はここに「中学校の国語教育は、古典の教育から解放されなければならない」という一文を入れたのです。

これに対し、新かな（現代かなづかい）一辺倒では日本古典が読めなくなるではないかという批判も噴出しました。ところが、国語審議会委員であった松坂忠則氏が、「これからの日本人は古典など読む必要は全くない。『源氏物語』を読もうなどというのは知識人の自己満足にすぎず、国民としては贅沢であり不要である」という論を、自身の著作や講演で展開したのでした。

結局、「中学校の国語教育は、古典の教育から解放されなければならない」という一文により、日本語から文語文が排除されてしまう傾向が強まってしまいました。日本人が文語体を学ばなくなってしまう――。それは、美しい日本人の日本語の心が込められている言葉を、日本人が学ぶ機会を失ったことを意味します。戦後は口語体のみの「横軸の国語」だけで教育が行われて、日本人の心も壊れていってしまったのです。

日本人が「現代かなづかい」を覚えてから、すでに六〇年が過ぎています。講演会で「にほひ」と「におい」の持つイメージについて問いかけて、多くの人から『にほひ』の方が良い香りのイメージがある」との答えを貰うとき、まだまだ古来の日本人の遺伝子を受け継いでいるのだなと感じます。しかし今のまま、三〇年、四〇年も経ったら、遺伝子の組み換えが始まるのではないかと心配するのです。

現在、折からの日本語ブームの影響もあり「読み・書き・計算」という、日本の伝統的教育法が見直されつつあります。しかし、日本語ブームが訪れる以前から、私は幼児教育の現場などで、歴史的仮名遣いで書かれた詩は、そのまま子供たちに与え、古典も読ませてきました。

そして現在、公的教育の現場でも大きな変化が訪れつつあります。その象徴的な例が、東京都世田谷区の「日本語」教育特区です。私は小学校作業部会の会長として、カリキュラムと教科書作りに携わらせていただきました。

世田谷区では全ての小中学校で、平成一九年四月より、独自の教科「日本語」の授業を導入しました。子供たちは小学校の一年生から、俳句のみならず、『論語』や漢詩を学びます。中学生になると、「哲学」の授業を通し、生きることの意味などを深く考えるようになります。

小学一年生に『論語』や漢詩を学ばせると言うと、さぞや難しそうで子供たちにとって重荷になりそうに思えるかもしれません。しかし、大人の心配をよそに、子供たちは全く違った反応を見せます。大人からすると難しそうな学習でも、子供は分け隔てなく吸収します。古典、漢詩、短歌を朗唱する中で、子供たちは日本語の響きやリズムを楽しみ、そして味わっているのです。

この世田谷区の「日本語」教育特区は、日本の教育現場から注目を浴び、同様の教育法を導入しようとする動きが広がりつつあります。ようやくここに来て、日本は「縦軸の日本語」を取り戻そうとしているのであり、それが広がることを、私は切に願っています。自分の国の言葉は自分のアイデンティティに関わる問題です。今やるべきことは古典であれ、明治・大正の文豪の名作であれ、言葉を改竄《かいざん》することなく「縦軸の国語」を次世代に伝えて行くことだと思います。

美しい日本語のしらべを取り戻したい

心の荒廃――。荒れた心の原因を考えると、言葉の美しさが、日本語の美しい響きが子供たちへ伝わっていないからではないか、私はいつもそう感じてしまいます。戦後に国語が大きく改竄され半世紀以上が経ってしまい、その弊害が今になって極まってきたのではないかと思うのです。

同級生に乱暴で屈辱的な言葉を浴びせられた子供の気持ちにゆがみが生じ、暴力に走り復讐してしまう。こういった事件は後を絶ちませんが、言葉とは恐ろしさも持ち合わせています。人間は言葉をもって人間となるのだから、言葉は人を育てる。それゆえ私はこう思います。

美しい心は美しい言葉から生まれる

強い心とは力強い言葉、その言葉を聞くと勇気が湧いてくるような言葉から生まれます。優しい心は優しい言葉からしか生まれない。乱暴な言葉から美しい心が生まれることはあり得ません。「美しい日本語のしらべ」を取り戻せば、子供たちの心も穏やかになって行くのではないでしょうか。

「美しい日本語のしらべ」はどこにあるのでしょう? たとえば童謡唱歌。童謡唱歌には漢字がたくさん使われていますが、ほとんどが和語で書かれています。それを読むことによって日本の情緒、つまり和魂が身に付けられると私は思うのです。

美しい言葉を育む上で重要となるのが「文語文」、つまり書き言葉です。現代の若者の話し言葉が乱れているのは、書き言葉をしっかりと身につけてこなかったことと関係していると思います。書き言葉が話し言葉を「善導」、つまり正しく導くのが日本語です。話し言葉が上手になるか否かは、書き言葉の力によって決まるわけです。

子供たちは好んで文語文を覚えます。詩であっても口語詩、自由詩には余り興味を示しません。リズムがなく響きが悪いからでしょう。むしろ定型詩はリズムも響きも良く、格調と緊張感があるので子供たちに好まれます。面白いことに幼児や小学生は、漢詩や漢文を好みます。訓読するときの文語文の響きが好きだと言うのです。大人になってしまった脳ではすんなりと理解できない楽しさを、子供の脳はキャッチします。

私どもの教室では、子供たちに漢詩や平家物語などの古典を読ませています。子供たちは朗唱することで、名詩や名文の響きやリズム、格調、におい、味わいといった「言葉の生命力」を鋭敏に感受することができるからです。かつての日本の子供たちは古典を朗読することによって、自分の頭脳と精神を鍛え、日本の心と情緒を育んできました。これと同じことが、現代の子供たちにできないはずはありません。

しかし古典を学ばせると、保護者の多くから「意味が難しくて理解できないのでは?」「いずれ忘れるのだから役に立たないのでは?」との質問が出ます。確かに目にはっきりと見えないもの、効果が素早く明確に現れないものを信じることは難しいことです。しかし言葉の持つ生命力とは、もっと偉大なものだと思います。たとえば食べ物を食べると胃で消化され、酵素分解により人間の意思とは関係なく体中に栄養として送られます。それで生命は保たれています。同様に、子供たちは意識していないけれど、頭の中で言葉の消化作用が行われ、知力や人格形成の栄養となっているのだと思います。

ところで高度成長期の昭和四〇年代に米国のあるジャーナリストが、日本をこんな言葉で評しています。

背骨を欠いた巨人

彼は「日本の企業がいかに金を稼いでも心配ない。必ず潰れるから。日本の学生がいかに勉強をしても、立派な人間にはなれない」と言っているのです。その理由を「日本人にはバックボーンがないからだ」と説明しています。

彼の言う「バックボーン」とは民族としての背骨、つまり「縦軸」と受け止めていいでしょう。親から子へ、またその子へと継承される「縦軸の教育＝歴史・文化・伝統」の分断を見抜き、縦軸のない日本は本物の巨人になれないと予見したのです。事実、「横軸」的な繁栄は手にしても、背骨（＝縦軸）のない日本は今では崖っぷちです。その予見は、ものの見事に当たったと言わざるを得ません。

日本人に今、必要なのはバックボーンを取り戻すことではないでしょうか。日本の歴史と文化、伝統を継承できる「縦軸の教育」もその手段の一つです。幸い日本には万葉集、平家物語など名詩名文、物語など挙げるに事欠きません。「美しい日本語のしらべ」を取り戻せば子供たちは国語がもっと好きになり、自ずと祖国とそこに住む人々を好きになります。日本人としての「縦軸」を受け継いだ人間であれば、手にした繁栄は本物と言えるでしょう。

私が敬愛するフランス文学者、故・市原豊太氏の著書、『内的風景派』には、以下のような一節が綴られています。国語を大切にするフランスでは、母親が娘の嫁入りに際して、こんな言葉を贈ることがあるそうです。

「結婚持参金はほんの僅かしか持たせられませんが、
よいフランス語は教えてあります」

日本でもこんなことを言えるようになったら、どんなにか素晴らしいことでしょう。

［主な参考文献］

『國語問題論爭史』土屋道雄（玉川大学出版部／二〇〇五年）
『國語問題のために―國語問題白書―』時枝誠記（東京大学出版会／一九六二年）
『私の漢字教室』石井勲（黎明書房／一九六一年）
『石井勲の漢字教室』1～5巻・別巻　石井勲（双柿舎／一九八三年）
『漢字と日本人』高島俊男（文春新書／二〇〇一年）
『言霊の幸ふ国』市原豊太（神社新報社／一九八五年）
『漢字の常識』原田種成（三省堂／一九八二年）
『平生の心がけ』小泉信三（講談社学術文庫／一九八八年）
『国語の建設』林武（講談社／一九七一年）
『國語問題協議會十五年史』（國語問題協議會／一九七五年）
『なぜ日本語を破壊するのか』福田恆存 他（英潮社／一九七八年）
『世界大百科事典』（平凡社／一九八八年）
『日本大百科全書』（小学館／一九九四年）
『漢字小百科辞典』原田種成 編（三省堂／一九八九年）
『国語一〇〇年／二〇世紀、日本語はどのような道を歩んできたか』倉島長正（小学

館／二〇〇二年）
『「国語」の時代／その再生への道筋』塩原経央（ぎょうせい／二〇〇四年）
『日本語の世界16　国語改革を批判する』大野晋・丸谷才一　編（中央公論社／一九八三年）
『私の國語教室』福田恆存（新潮文庫／一九六一年）
『福田恆存全集』3巻・4巻　福田恆存（文藝春秋／一九八七年）
『記者ハンドブック　第10版／新聞用字用語集』（共同通信社／二〇〇五年）
『私伝・吉田富三／癌細胞はこう語った』吉田直哉（文藝春秋／一九九二年）
『日本語　人生読本』中野重治　他（河出書房新社／一九八〇年）
『アメリカ教育使節団報告書』村井実　全訳解説（講談社学術文庫／一九七九年）
『一億人の国語国字問題』大久保忠利（三省堂選書／一九七八年）
『国語審議会報告書』1～13　文化庁
『日本語原學』林甕臣（建設社／一九三二年）
『旧かなづかひで書く日本語』萩野貞樹（幻冬舎新書／二〇〇七年）

※なお用字・用語の表記は基本的に『広辞苑　第五版』に従った。また参考文献からの引用文などは、原則として本書の表記方法に準じた。

本書は『学校では教えてくれない日本語の秘密』（二〇〇五年／芸文社刊）を大幅に加筆修正し文庫化したものです。

知恵の森
KOBUNSHA

日本語《にほんご》「ぢ」と「じ」の謎《なぞ》

国語《こくご》の先生《せんせい》も知《し》らなかった

著　者——土屋秀宇（つちや ひでお）

2009年　6月20日　初版1刷発行

発行者——古谷俊勝
組　版——萩原印刷
印刷所——堀内印刷
製本所——ナショナル製本
発行所——株式会社光文社
東京都文京区音羽1-16-6 〒112-8011
電　話——編集部(03)5395-8282
書籍販売部(03)5395-8113
業務部(03)5395-8125
メール——chie@kobunsha.com

ISBN978-4-334-78531-4　Printed in Japan

78499-7
cい5-2

池内《いけうち》 紀《おさむ》

史実に埋もれた愛すべき人たち
モーツァルトの息子

モーツァルトには六人の子供がいた。音楽的な才能に恵まれた四男は十四歳でデビューを果たす。モーツァルト二世はその後…。実在した三十人の数奇な運命。『姿の消し方』改題。

720円

78513-0
tい5-1

石川《いしかわ》 結貴《ゆうき》

世界は「わたし」でまわっている
モンスターマザー

学校の運動会でピザの出前を取る…息子の受験不合格は学校の責任と担任を土下座させる…15年間、延べ3千人の母親を取材して浮かび上がった「母子破綻」の深刻な広がり。

620円

78525-3
aえ1-9

エンサイクロネット 編

今さら他人《ひと》には聞けない大人の常識力630＋α

◎「とんでもございません」は間違い◎「プチプチ」の正式名称は？◎脂肪はもんでも取れない？ 究極の雑学本第四弾！『今さら他人《ひと》には聞けない常識700＋α』改題。

720円

72789-5
aお6-1

岡本《おかもと》 太郎《たろう》

時代を創造するものは誰か
今日の芸術

「今日の芸術は、うまくあってはならない。きれいであってはならない。ここちよくあってはならない」―時を超えた名著、ついに復刻。（序文・横尾忠則　解説・赤瀬川原平）

520円

78528-4
tか4-1

春日《かすが》 武彦《たけひこ》

異常犯罪の解剖学
心の闇に魔物は棲むか

「心の病」はどこまで危険なのか？ 繰り返される「異常な犯罪」への専門家の分析は、本当に信用に足るものなのか。気鋭の精神科医が、犯罪に潜む「心の闇」を考察する。

800円

78526-0
tか3-1

河合《かわい》 敦《あつし》

人を動かし、育てる力
維新のリーダー

勝海舟、西郷隆盛、吉田松陰、大塩平八郎、福沢諭吉、岩崎弥太郎。すぐれた部下を育てた維新のリーダーに学ぶ、大胆な行動力と広い度量の養い方。『偉人にみる人の育て方』改題。

900円

78512-3
tか2-1

川島《かわしま》　隆太《りゅうた》

子どもの脳を鍛える子育てアドバイス

脳科学の第一人者が、「子どもの脳の成長にとって何がベストか」を説く。育児書には書かれていない「脳トレ」法。『おいしい父親の作り方　かしこい子どもの育て方』改題。

680円

78483-6
tし1-1

白洲《しらす》　正子《まさこ》
河合《かわい》　隼雄《はやお》

縁は異なもの

心理学者・河合の導きで、明恵上人、西行、能、両性具有など、多彩なテーマを題材に人間の生き方、古典、美への思いが惜しみなく語られる貴重な一冊。

620円

78497-3
tし1-2

白洲　正子

選ぶ眼　着る心
きもの美

「粋」と「こだわり」に触れながら、審美眼に磨きをかけていった著者。「背伸びをしないこと」「自分に似合ったものを見出すこと」。白洲正子流着物哲学の名著。（解説・髙田倭男）

700円

78493-5
tす1-1

末永《すえなが》　蒼生《たみお》

自分を活かす色　癒やす色
人生を変える色彩の秘密

仕事から子育て、医療現場まで、その驚くべき色彩の心理効果を紹介し、あなたの「心」と「脳」と「体」を最大限活かすための色の使い方を学ぶ。『自分を活かす色、癒す色』改題。

680円

78504-8
tす2-1

杉本《すぎもと》　節子《せつこ》

２１８年の「歳中覚」
京町家のしきたり

今から二百十八年前より京町家「杉本家」に伝わる「歳中覚」。季節ごとの室礼、「おばんざい」、人づきあいのことなど「こうと（質素の中にある品格）」な暮らしの知恵。（解説・恩田　陸）

760円

78524-6
tた3-1

太宰《だざい》　治《おさむ》

人生ノート

「やさしくて、かなしくて、をかしくて、氣高くて、他に何が要るのでせう。」――『「晩年」に就いて』より。「箴言」の名手であった太宰治、文学のエッセンスを凝縮した随想集。

600円

78527-7
tた4-1

立川談四楼《たてかわだんしろう》

声に出して笑える日本語

アナウンサーの致命的な言い間違いから、落語の味わい深いセリフまで。集めに集めた「笑える日本語」のオンパレード。しかも確実にタメになる傑作エッセイ。『日本語通り』改題。

740円

78005-0
bた2-1

ダライ・ラマ十四世
石濱裕美子《いしはまゆみこ》 訳

心は死を超えて存続する

ダライ・ラマの仏教入門

「重要なことは、毎日意味のある人生をおくること、私たちが心に平和と調和をもたらそうとすること、そして社会に対して建設的に貢献することなのです」（「まえがき」より）。

520円

78511-6
tつ2-1

常光《つねみつ》 徹《とおる》
京極夏彦《きょうごくなつひこ》
小松和彦《こまつかずひこ》
他

異界談義

遺影ができた由来、鬼門とは何か、家相と風水の関係、日本と韓国の都市伝説、異界・妖怪の起源を探る京極夏彦氏と小松和彦氏の対談ほか、身近にある『異界』への入り口案内。

760円

78463-8
tつ1-1

鶴見《つるみ》 紘《ひろし》

白洲次郎の日本国憲法

吉田茂首相の右腕としてGHQと対峙し、新憲法制定に深く関わった白洲は、日本国憲法をどう考えていたのか。そしてその舞台裏では？戦後復興の秘話と魅力ある人物像。

580円

72288-3
aて1-2

手塚《てづか》 治虫《おさむ》

二十一世紀の君たちへ

ガラスの地球を救え

「なんとしてでも、地球を死の惑星にはしたくない」。幼少の思い出から、自らのマンガ、未来の子供たちへの想いまで。手塚治虫、最後のメッセージ。（解説・辻 真先）

460円

78485-0
tほ2-1

宝彩《ほうさい》 有菜《ありな》

15分でできるココロとアタマのストレッチ

始めよう。瞑想

文庫書下ろし

瞑想は宗教ではなく心の科学である。上達のコツは黙考するのではなく、無心になること。心のメンテナンスから、脳力アップまで驚くべき効果を発揮できる。

620円

78481-2
tほ1-1
保坂《ほさか》　和志《かずし》
「最善手」を見つけ出す思考法
羽生
羽生善治の将棋観のキーワード「最善手」を軸にして思考プロセスを巡り、人が考えるという行為の本質に到る、芥川賞作家の「羽生」論かつ「思考」論。（解説・茂木健一郎）
650円

78346-4
bま6-1
町田《まちだ》　貞子《ていこ》
本当の幸せを知ってもらうために
娘に伝えたいこと
どうして家事を面倒だと考えてしまうのですか？　家族が一緒に食卓を囲まなくてよいのでしょうか？　温かいおばあちゃんのまなざしで語りかける。幸せとは何かがわかる本。
580円

72867-0
bま1-1
松尾《まつお》スズキ
子供に生まれてスミマセン
大人失格
『私は大人だ』今、この日本でいったい何人の大人が、そう胸をはって言い切ることができるだろう」（本文より）。松尾スズキ、初期エッセイの大傑作。（解説・山本直樹）
480円

78503-1
tや2-1
山折《やまおり》　哲雄《てつお》
図像から文化を読む
日本人の顔
なぜ神像は老人の顔をしているのか、なぜ武士の鼻は大きく描かれているのか。埴輪、仏像、能面、肖像画、浮世絵などの顔立ちから探る日本文化と日本人の心情。（解説・小松和彦）
760円

78523-9
tや3-1
山本周五郎《やまもとしゅうごろう》
小説の効用・青べか日記
「貧乏しても　出世して行く友に後れても　本当の為事を　こつこつとやっている」――公表された唯一の日記を含め、周五郎の素顔、人生・文学観が総覧できるエッセイ集。
860円

72593-8
aよ2-2
横尾《よこお》　忠則《ただのり》
横尾忠則対話集
今、生きる秘訣
時代の最先端を疾走し続ける画家・横尾忠則の対話集。「才能なんていらない」「創作をリードする夢」。生きるエネルギーが湧く名著。『宇宙瞑想』改題。（解説・河合隼雄）
500円